全国高等职业教育财会类规划教材——工学结合项目化系列

基础会计实训项目化教程
（第3版）

朱余娥　袁其谦　主　编

肖宏华　郭赞伟　袁勤思　副主编

电子工业出版社
Publishing House of Electronics Industry
北京·BEIJING

内 容 简 介

本教材是基于工学结合一体化课程的开发理念、采用以典型工作任务为载体的方式而开发的，是根据财政部颁布的企业会计准则、制度、规范并结合企业会计实际工作而编写的，是《基础会计项目化教程（第 2 版）》的配套教材。本教材以模拟企业典型业务为背景，采用"职业角色体验"和"职业角色合作"模式，进行会计核算工作的单项能力到综合能力的训练，体现了会计职业的基础能力、专业能力、职业能力、职业素养逐渐形成的过程。本教材内容由基础会计实训指导、基础会计单项实训、基础会计综合实训和技能综合测试题组成。

本教材可供各高等职业院校会计、财务管理、金融、市场营销、电子商务等经济类专业作为实践教学用书，也可供从事课程专业实训指导工作的人员作为参考用书。

未经许可，不得以任何方式复制或抄袭本书之部分或全部内容。
版权所有，侵权必究。

图书在版编目（CIP）数据

基础会计实训项目化教程 / 朱余娥，袁其谦主编. —3 版. —北京：电子工业出版社，2018.8
ISBN 978-7-121-34712-2

Ⅰ. ①基… Ⅱ. ①朱… ②袁… Ⅲ. ①会计学－高等学校－教材 Ⅳ. ①F230

中国版本图书馆 CIP 数据核字（2018）第 150165 号

策划编辑：贾瑞敏
责任编辑：韩玉宏
印　　刷：三河市鑫金马印装有限公司
装　　订：三河市鑫金马印装有限公司
出版发行：电子工业出版社
　　　　　北京市海淀区万寿路 173 信箱　邮编 100036
开　　本：787×1 092　1/16　印张：15.75　字数：403.2 千字
版　　次：2011 年 9 月第 1 版
　　　　　2018 年 8 月第 3 版
印　　次：2020 年 7 月第 3 次印刷
定　　价：40.00 元

凡所购买电子工业出版社图书有缺损问题，请向购买书店调换。若书店售缺，请与本社发行部联系，联系及邮购电话：（010）88254888，88258888。
质量投诉请发邮件至 zlts@phei.com.cn，盗版侵权举报请发邮件至 dbqq@phei.com.cn。
本书咨询联系方式：（010）88254019，jrm@phei.com.cn。

前 言

高等职业教育的人才培养目标是培养符合社会发展需要的高素质、技能型、实践型、职业型的专门人才，对会计专业来说同样如此。因此，在会计教学中，将理论知识学习与专业技能培养、职业素养培养有机地结合起来，将"教、学、做"融为一体，突出学生实践能力的培养，在会计教学中就显得越来越重要。为此，我们组织多年从事会计实践和教学实践的教师精心编写了这本《基础会计实训项目化教程（第3版）》教材。

本教材是《基础会计项目化教程（第2版）》的配套教材，由基础会计实训指导、基础会计单项实训、基础会计综合实训和技能综合测试题组成。单项实训主要是为平时理论教学中需要的课内实践操作而编写的，目的是加深学生对理论教学的感性认识，起到同步学习、及时巩固所学知识并形成单项能力的作用。综合实训是为学生在学完《基础会计项目化教程（第2版）》全部理论课程后进行全面综合模拟训练而编写的，是对学生学习基础会计后实践操作能力的一次全面检验和巩固，为培养和提高学生会计职业的综合能力打下基础。

本教材突出体现了高等职业教育特色，弥补了传统基础会计实训教材忽视操作规范、岗位职责、职业意识、职业素养、考核评价、职业能力形成等方面的缺陷，并在以下几方面有所创新。

第一，彰显"职业"属性。本教材采用"职业角色体验"和"职业角色合作"模式。在单项实训阶段，以典型工作任务为载体，采用"职业角色体验"模式，让学生根据不同的工作任务，分别扮演会计岗位的不同角色，以逐步培养学生的会计职业意识。在综合实训阶段，主要采用"职业角色合作"模式，由担任制单会计、记账会计、会计主管、出纳的四位学生组成团队，团队成员共同完成综合实训的全部工作任务，以逐步增强学生的会计职业意识，树立牢固的职业信念。

第二，突出"规范"意识。本教材自始至终要求学生按照《会计基础工作规范》进行操作，以逐步形成学生的会计职业素养。

第三，注重"能力"培养。本教材任务中涉及的主要原始凭证是根据从企业实际业务中提取的真实原始凭证整合而来的，任务内容以会计职业能力的培养为主线，通过从"体验"到"合作"、从"个体"到"团队"的方式，体现了从简单到复杂、从单一到综合的渐进过程，利于逐步培养学生的会计职业能力。

第四，重视"技能"测试。本教材附录中的技能综合测试题方便教师检验学生对会计操作技能的掌握程度，在一定程度上弥补了以往该课程技能测试不足和不便的缺陷，并为后续技能抽查打下基础。

本教材自2011年9月第1版出版以来，作为会计专业的核心课程教材，先后多次被多所院校选用并获得好评。为适应高职教育的发展形势和专业教学的需要，本教材在本次修订时对每个项目的凭证素材及训练内容进行了与时俱进的调整。为方便教学，本书还配有参考答案，读者可登录电子工业出版社华信教育资源网（www.hxedu.com.cn）免费下载。

本教材由娄底职业技术学院朱余娥、中共娄底市委党校袁其谦担任主编，由娄底职业技术学院肖宏华、郭赞伟和湖南商务职业技术学院袁勤思担任副主编，梁斌、蒋美群、贺江莲、舒金燕参与了本教材的编写。全书由朱余娥进行统稿、审稿。

  本教材在编写过程中，得到了娄底职业技术学院会计学院的大力支持，在此表示感谢！由于时间仓促，编者水平有限，不足之处在所难免，恳请广大读者批评指正。

编 者

目 录

第一篇 基础会计实训指导 ... 1

第二篇 基础会计单项实训 ... 7

项目一 会计核算书写实训 ... 7

项目二 会计要素及其相互关系实训 ... 11
  任务一 确认会计要素类别 ... 11
  任务二 检验会计要素恒等关系 ... 13

项目三 原始凭证的填制与审核实训 ... 16
  任务一 填制原始凭证 ... 16
  任务二 审核原始凭证 ... 27

项目四 记账凭证的填制与审核实训 ... 30
  任务一 填制与审核专用记账凭证 ... 32
  任务二 填制与审核通用记账凭证 ... 103

项目五 账簿登记实训 ... 105
  任务一 建账 ... 105
  任务二 登记日记账 ... 109
  任务三 登记明细分类账 ... 110
  任务四 登记总分类账 ... 111
  任务五 对账与结账 ... 111
  任务六 更正错账 ... 114

项目六 财产清查实训 ... 127
  任务一 实物清查 ... 127
  任务二 现金清查 ... 129
  任务三 银行存款清查 ... 129

项目七 财务会计报表编制实训 ... 132
  任务一 编制资产负债表 ... 132
  任务二 编制利润表 ... 134

项目八 会计凭证和账表的装订与保管实训 ... 136
  任务一 整理、粘贴原始凭证 ... 138
  任务二 装订会计凭证和账表 ... 139

第三篇　基础会计综合实训 ……………………………………………………… 141

项目九　综合实训 ………………………………………………………………… 141

附录 A　技能综合测试题（第一套） ………………………………………………… 213

附录 B　技能综合测试题（第二套） ………………………………………………… 229

附录 C　技能综合测试题（第三套） ………………………………………………… 241

参考文献 ………………………………………………………………………………… 243

基础会计实训指导

一、基础会计实训的目的及要求

（一）实训目的

（1）整合课堂上所学的《基础会计》的基本理论、基本方法和基本操作技术，强化从单项技能到综合技能的形成。通过学习、实践、思考、总结的过程，提高学生对会计实际工作的感性认识和实际操作能力，进一步提高对会计基本理论和方法的掌握能力，加深对所学专业的认识，为日后会计专业的进一步学习及将来更好地适应实际工作，奠定坚实的基础。

（2）通过基于工作过程的典型工作任务的实训教学，使学生全面、系统地掌握会计操作的完整的业务循环，即从期初建账，原始凭证的填制、审核，各种典型经济业务的确认和计量，记账凭证的填制、审核，账簿的登记、核对、错账更正，会计处理程序的运用到会计报表的编制、会计资料的归档整理，从而对企业会计核算形成一个完整的概念。

（3）通过实训，使学生初步具备一名合格会计人员应具备的工作作风和业务素质。具体包括良好的思想品德和会计职业道德、实事求是的科学态度和一丝不苟的工作作风。

（二）实训要求

为提高实训教学的效果，达到实训教学的目的，在组织实训教学过程中，必须遵循以下要求。

（1）正确处理理论教学与实训教学的关系。理论教学满足培养目标知识结构的需求，实训教学满足专业技能培养的实际需求，使之相互渗透、相互促进。

（2）正确处理单项实训和综合实训的关系。单项实训应以使学生掌握各单项核算技能与规范为目标，综合实训应以培养学生系统处理全盘业务的能力为目标。单项实训是综合实训的基础，综合实训是在单项实训基础上的提升。

（3）科学组织、合理规划各阶段的目标和任务。无论是单项实训还是综合实训，在具体的教学设计中，教师都应合理规划每个实训具体实施的要求、目标和要点。在单项实训阶段，重点要让学生掌握单项技能和操作规范。在综合实训阶段，重点要让学生掌握对企业全盘业务的综合处理能力，重点培养学生的团队合作精神和社会适应能力。

（4）在操作规范上，应以《会计基础工作规范》为标准。无论是单项实训还是综合实训都应以《会计基础工作规范》为标准，以培养学生良好的职业素养为目标。

（5）以企业的实际工作要求和《会计基础工作规范》为标准构建科学的评价体系。着重考核学生实训工作的全过程和实训项目实施的效果。

二、基础会计实训的内容

为使学生独立完成基础会计的实训工作，应采用阶段实训与综合实训相结合的原则。即在理论教学过程中，通过对知识点和能力点的分析，根据学生在学习中应掌握的能力要求，按照任务驱动教学法，将各能力点整合成单项实训指导，并通过具体的工作任务加以强化。在综合实训中，通过模拟一个小型加工企业一个会计期间的实际会计工作任务，采用真实的账证资料，指导学生完成从建账到日常处理、期末处理、编制会计报表、整理会计资料等全过程，让学生全面掌握基础会计的内容；同时培养其细致、准确、有条不紊的专业素养和心理素质，从而搭建起会计工作的整体框架。基础会计实训的内容如表 1-1 所示。

表 1-1 基础会计实训的内容

实训任务			实训内容
项目一	会计核算书写实训		阿拉伯数字书写
			汉字大写数字书写
			小写数字书写
			大写金额书写
			票据书写
项目二	会计要素及其相互关系实训	任务一	确认会计要素类别
		任务二	检验会计要素恒等关系
项目三	原始凭证的填制与审核实训	任务一	填制原始凭证
		任务二	审核原始凭证
项目四	记账凭证的填制与审核实训	任务一	填制与审核专用记账凭证
		任务二	填制与审核通用记账凭证
项目五	账簿登记实训	任务一	建账
		任务二	登记日记账
		任务三	登记明细分类账
		任务四	登记总分类账
		任务五	对账与结账
		任务六	更正错账
项目六	财产清查实训	任务一	实物清查
		任务二	现金清查
		任务三	银行存款清查
项目七	财务会计报表编制实训	任务一	编制资产负债表
		任务二	编制利润表
项目八	会计凭证和账表的装订与保管实训	任务一	整理、粘贴原始凭证
		任务二	装订会计凭证和账表
项目九	综合实训	综合实训	处理综合会计业务

三、基础会计实训的设计

根据财政部颁布的《会计基础工作规范》规定，会计工作岗位一般可分为：会计机构负责人或会计主管人员、出纳、财产物资核算、工资核算、成本费用核算、财务成果核算、资金核算、往来结算、总账报表、稽核、档案管理等。

各单位应当根据自身规模大小、会计业务量多少及岗位设置具体要求，对上述工作岗位进行适当的合并或细分，可以一人一岗、一人多岗或一岗多人，但应当符合内部牵制制度的要求，出纳人员不得兼管稽核、会计档案保管和收入、费用、债权债务账目的登记工作。

考虑到多年来会计职业的发展变化，结合中小型企业会计岗位设置的具体情况、高职学生的特点和《基础会计》理论教材的教学内容，本教材设置出纳、制单会计、会计主管、记账会计四个主要的会计岗位。

基于设置的四个岗位，本教材采用"职业角色体验"和"职业角色合作"模式，借助手工操作手段来完成实训任务。"职业角色体验"是指在单项实训中，依据工作任务的不同，让学生分别扮演不同的岗位角色，掌握各岗位的主要技能要求和岗位职责，亲身体验会计主管、出纳、稽核、会计核算等各工作岗位之间的业务传递及内部控制关系，为综合实训奠定基础。"职业角色合作"模式是指在综合实训中，指导老师营造特定的会计工作环境和条件，采用自由组合、随机组合或根据特定条件组合和学生自主选择岗位角色的方式，由分别担任会计主管、制单会计、出纳、记账会计的四位学生组成一个团队，会计主管协助指导老师管理团队的日常工作和业务指导，会计主管可以采用学生自荐、指导老师指定或团队成员推选产生。团队成员按各角色的职责与队内成员协调工作，分工合作共同完成模拟企业一个月的典型业务，完成从期初建账到会计资料整理归档的全部工作，以加深对会计核算过程的全面了解，培养学生的沟通合作、组织协调能力和团队合作精神，增强会计职业意识，树立牢固的职业信念。

在具体组织实训时，对于单项实训，建议与本课程的理论教学进度同步交叉进行。对于综合实训，指导老师可根据教学计划，视具体情况采取灵活多样的实训模式，通过"集中实训"方式组织实施：即安排在《基础会计项目化教程（第2版）》全部章节教学结束后，按记账凭证或科目汇总表核算形式，学生独立完成综合实训的全部工作任务；也可以采取"职业角色合作"模式，团队成员共同完成综合实训的全部工作任务；还可以采取学生独立完成和"职业角色合作"相结合的模式，即在同一班级中一部分学生独立完成全部实训任务，一部分学生分工协作共同完成全部工作任务。"职业角色合作"模式的工作流程、典型工作任务与角色配置如表1-2所示。

表1-2 "职业角色合作"模式的工作流程、典型工作任务与角色配置

序号	工作流程	典型工作任务	角色配置
1	熟悉工作	明确实训要求，分组分岗，熟悉会计工作环境，模拟企业的基本情况、各类业务账务处理流程，布置工作任务	会计主管 出纳 制单会计 记账会计
2	建账	出纳建日记账； 记账会计建明细账； 会计主管建总账	会计主管 出纳 记账会计

续表

序号	工作流程	典型工作任务	角色配置
3	填制和审核原始凭证	记账会计开发票，编制有关工资、固定资产、存货、成本核算计算表； 出纳开具银行结算凭证，编制工资发放表和工资结算汇总表，编制纳税申报表、社会保险费申报表； 会计主管接到原始凭证及原始凭证汇总表，对其进行审核，签署审核意见，传递给制单会计	会计主管 出纳 制单会计 记账会计
4	填制和审核记账凭证	制单会计取得已审核的原始凭证及期末账项调整数据，填制记账凭证并签名或盖章； 会计主管接到制单会计转来的凭证进行审核并签名或盖章； 会计主管将已审核的凭证传递给出纳（货币资金收付凭证）或记账会计（除货币资金收付凭证以外的凭证）	会计主管 出纳 制单会计 记账会计
5	登记账簿	出纳接到主管转来的凭证，登记现金和银行存款日记账，并在记账凭证的出纳处签名或盖章，再将凭证传递给记账会计； 记账会计登记各种明细账、备查账，登记完后在记账凭证的记账处签名或盖章，再将凭证传递给会计主管； 会计主管编制科目汇总表，并交给记账会计登记总账； 登记完后，在凭证上注明记账符号，在记账处签名或盖章	会计主管 出纳 记账会计
6	期末对账	出纳将总账与日记账进行核对； 记账会计将总账与明细账进行核对； 会计主管进行现金清查、银行对账、财产物资清查、往来款项清理	会计主管 出纳 记账会计
7	期末账项调整	处理应收、应付、预收、预付款项； 摊销或预提本期应负担的各种费用； 计算确认本期的营业成本等	会计主管 出纳 制单会计 记账会计
8	期末结账	记账会计结总账、明细账； 出纳结日记账； 会计主管编制账户发生额与余额试算平衡表	出纳 记账会计 会计主管
9	编制和审核报表	会计主管编制资产负债表、利润表并进行审核	会计主管
10	整理和装订会计资料	制单会计整理原始凭证及原始凭证汇总表作为记账凭证附件，装订凭证并填写凭证封面后签名或盖章； 记账会计装订报表和账簿并填写账表封面后签名或盖章； 整理好的所有会计档案交会计主管审核盖章后移交档案部门归档保管	会计主管 制单会计 记账会计

四、基础会计实训的评价

对于单项实训的评价，由于以培养学生掌握单项技能为目的，建议将其评价纳入平时作业的范畴进行考核，其评价应按照《会计基础工作规范》和《企业会计准则》的要求进行。

对于综合实训的评价，其评价的重点应是实训结果，其评价内容包括正确性、规范性两方面。对于正确性和规范性，应以《企业会计准则》和《会计基础工作规范》为标准；同时对实训过程和职业能力的考核也不应忽视,实训过程着重对实训态度进行考核,职业能力应侧重了解学生对实训工作的认识、理解和对会计职业的规划及职业习惯的养成等方面。基础会计实训考核标准如表 1-3 所示。

表 1-3　基础会计实训考核标准

考核项目	考核内容	考核点	分值（分）	考核方式	等级评定
实训过程	工作任务	工作任务完成情况	1	学生自评 团队自评 团队互评 指导老师或现场专家综合测评	85 分以上 优秀 75～84 分 良好 60～74 分 及格 60 分以下 不及格
实训过程	劳动纪律	工作态度与纪律性	1		
实训过程	业务能力	业务处理能力	4		
实训过程	业务能力	沟通合作能力	2		
实训过程	业务能力	组织协调能力	2		
实训过程	小　计		10		
实训结果	正确性	原始凭证的填制与审核	5	指导老师或现场专家综合测评	
实训结果	正确性	记账凭证的填制与审核	20		
实训结果	正确性	建账	2		
实训结果	正确性	日记账的登记	2		
实训结果	正确性	明细账的登记	4		
实训结果	正确性	科目汇总表的编制	4		
实训结果	正确性	总账的登记	7		
实训结果	正确性	对账、结账	2		
实训结果	正确性	错账更正	4		
实训结果	正确性	会计报表的编制	5		
实训结果	规范性	文字、数字、票据书写规范	10		
实训结果	规范性	装订整齐、美观	5		
实训结果	小　计		70		
职业能力	实训报告	文字流畅、层次分明	5		
职业能力	实训报告	内容完整、体会深刻	10		
职业能力	职业素养	按计划、按步骤完成工作任务,以及保密意识、责任担当意识、卫生意识等	5		
职业能力	小　计		20		
总　计			100		

第二篇

基础会计单项实训

项目一　会计核算书写实训

实训综述

会计核算中的书写包括阿拉伯数字、汉字大写数字、大写金额、有关票据的填写等内容。通过本项目实训，要求学生能按照《会计基础工作规范》进行会计核算的书写工作。

实训指导

（一）阿拉伯数字的标准写法

阿拉伯数字，简称小写数字（如 1、2、3、4、5……），是世界各国通用数字。在财会工作中，阿拉伯数字的书写方法与普通书写方法有所不同，已形成一定的规格，具体要求如下。

（1）字体各自成形，大小均匀，排列整齐，字迹工整、清晰。

（2）数字不能写满格，每个数字约占格子高度的 1/2，最多占 2/3，要留出空隙，既以备更正改错之用，又清晰美观。

（3）贴格子的底线书写，只有"7"、"9"两个数字可以超过底线一点，但所占位置不能超过底线下格的 1/4。

（4）字体要自右上方斜向左下方书写，斜度一致，约为 60°，并且同一行的相邻数字之间要空出半个小写数字的位置。

（5）由上而下按纵行累加的数字，要注意对准位数。

（6）有圆圈的数字，如"6"、"8"、"9"和"0"等，圆圈必须对好。

（7）对容易混淆的数字，如"0"和"6"，"1"和"7"、"9"，"3"和"5"、"8"等，尤其要严格区别，避免混同。

（8）"1"字不能写短，要符合斜度，以防改为"4"、"6"、"7"和"9"；"6"字起笔要伸到上半格的 1/4 处，下圆要明显，以防改"6"为"8"。

（二）汉字大写数字的标准写法

（1）中文大写金额数字一般要求用正楷或行书书写，如壹、贰、叁、肆、伍、陆、柒、捌、玖、拾，不能使用一、二、三、四、五、六、七、八、九、十、廿、卅、念、毛、另（或0）等字样，不得自造简化字。

（2）不能使用未经国务院公布的简体字，如账簿的"账"字不能写成"帐"字，也不能写谐音字。

（3）同一行的相邻数字之间要空出半个汉字大写数字的位置。

（4）字体各自成形，大小均匀，排列整齐，并工整、清晰。

（三）小写数字的书写规则

（1）在一个数字中，若中间有零时（不论几个零），只读出数字的"0"，而不读出数位的名称。例如，"2038"，应读成"贰仟零叁拾捌"；"30209"，应读成"叁万零贰佰零玖"；"40017"，应读成"肆万零壹拾柒"。

（2）在一个数字中，若最后有零时（不论几个零），既不能读"0"，也不能读出位数的名称。例如，31000，应读成"叁万壹仟"。

（3）元与角之间，要点一小数点"."。有角无分的，有元无角、分的，应在角位、分位上写"0"和"00"，如"7.60"不能写成"7.6"或"7.6—"，"9.00"不能写成"9"；但可在小数点后画一短横线，如"38.00"可以写成"38.—"。

（4）对某些金额数字，如银行结算凭证、收据、发票等单据上的金额，应在小写合计金额前填写币种符号，如人民币应填写"￥"符号，美元应填写"＄"符号。一来表示金额的币种，二来为了防止增添窜改数字。因此，币种符号后都要紧接着写数字，不能留有空隙。

（5）若在印有数位分隔线的凭证账表上书写，只有"角"、"分"位金额（不足1元）的，在元位上不写"0"字；只有"分"位金额（不足1角）的，在"元"和"角"位上不写"0"字；有"角"无"分"的，在"分"位上写"0"字；"角"、"分"位皆无金额的，在"角"和"分"位上均写一个"0"字。

（四）大写金额的书写规则

（1）大写金额的前面，必须加填"人民币"三个字，后面紧接着写金额，不能有空隙。

（2）大写金额中，"壹拾×"的"壹"字，一定要写，不得遗漏，因为"拾"字仅代表位数，并不是数字。

（3）小写金额中，"元"位是"0"（或金额中间连续有几个"0"，且"元"位也是"0"），但"角"、"分"位不是"0"，大写金额可只写一个"零"，也可不写"零"。例如，"120.34"，可写成"人民币壹佰贰拾元零叁角肆分"，或者去掉其中的"零"字。

（4）小写金额中有"0"或连续有几个"0"，但"元"位不是"0"，大写金额均写一个"零"，例如，"￥100304.06"，应写成"人民币壹拾万零叁佰零肆元零陆分"。

（5）大写金额到"元"或"角"为止的，在"元"或"角"字之后应写"整"字，以防增添窜改数字。大写金额有"分"的，"分"字后面不写"整"字。

（五）有关票据填写的基本规定

（1）票据的出票日期必须使用中文大写。为防止变造票据的出票日期，在填写月、日时，月为壹至玖和壹拾的，日为壹至玖和壹拾、贰拾、叁拾的，应在其前加"零"字；日为拾壹至

8

拾玖的，应在其前加"壹"字。例如，"2015年2月9日"，应写成"贰零壹伍年零贰月零玖日"；"10月16日"，应写成"零壹拾月壹拾陆日"；"11月30日"，应写成"壹拾壹月零叁拾日"。

（2）票据出票日期使用小写填写的，银行不予受理。大写日期未按要求规范填写的，银行可予受理，但由此造成的损失，由出票人自行承担。

实训资料

1. ¥895421.69；¥6007.50；¥28301.00；¥60000000.00。

2. 人民币叁拾捌万柒仟贰佰元整；人民币陆万零伍角肆分；人民币捌仟零玖元壹角整；人民币叁亿陆仟万零伍分。

3. 现金支票如下。

实训要求

1. 将小写金额数字写成大写金额数字。
2. 将大写金额数字写成小写金额数字。
3. 将现金支票补充完整。

项目二　　会计要素及其相互关系实训

实训综述

通过本项目实训，使学生明确会计要素的内涵，掌握会计要素类别的划分，理解会计恒等式所揭示的会计要素之间的内在联系，能根据经济业务确认会计要素的类别，能运用会计恒等式正确反映会计要素及其具体项目的增减变化。

任务一　确认会计要素类别

任务描述

会计对象是会计核算和监督的具体内容。会计对象的具体内容可用资产、负债、所有者权益、收入、费用、利润六个会计要素来表现。会计要素是会计入门的基础。本任务要求学生能确认会计要素的类别。

任务指导

会计要素是反映企业财务状况和经营成果的基本单位，同时也是会计报表的基本构件。在六大会计要素中，反映财务状况的会计要素包括资产、负债和所有者权益；反映经营活动及其成果的会计要素包括收入、费用和利润。

资产通常按流动性进行分类，可以分为流动资产和非流动资产。流动资产包括库存现金、银行存款、应收账款、存货等。非流动资产包括固定资产、无形资产、长期投资等。

负债按偿还期的长短，一般分为流动负债和非流动负债。流动负债包括短期借款、应付票据、应付账款、应交税费等应付及暂收款项。非流动负债包括长期借款、应付债券、长期应付款等。

所有者权益包括实收资本、资本公积、盈余公积、未分配利润。

收入包括主营业务收入和其他业务收入。

费用包括直接费用、间接费用和期间费用。直接费用由直接人工、直接材料、其他直接支出组成。间接费用包括制造费用。期间费用由管理费用、销售费用、财务费用组成。

利润是企业在一定期间的经营成果。利润是收入减去费用后的净额，直接计入当期利润的利得和损失。

任务资料

1. 管理部门用汽车一辆。
2. 向银行借入三年期的借款。

3. 仓库里储存的圆钢。
4. 国家投入的资金。
5. 收到美丽公司投入的无形资产。
6. 应支付给珠山厂的材料款。
7. 应向东方厂收回的货款。
8. 企业的未分配利润。
9. 企业应付给职工的工资。
10. 出纳员保管的现金。
11. 存放在银行的货币。
12. 销售产品的收入。
13. 产品销售成本。
14. 发生的广告费用。

任务要求

根据任务资料对会计要素项目逐一进行确认，填写会计要素类别确认表（见表2-1）。

表 2-1　会计要素类别确认表

会计要素类别 业务摘要	资产		负债		所有者权益	收入	费用	利润
	流动资产	非流动资产	流动负债	非流动负债				

任务二　检验会计要素恒等关系

📝 任务描述

本任务要求学生能分析经济业务对会计要素具体项目的影响，能运用会计等式正确反映会计要素及其具体项目的金额增减变化，检验会计要素恒等关系。

📝 任务指导

一般来说，企业生产经营活动开始前，必须取得一定的经济资源，如接受投资者的投资、从金融机构或其他单位取得借款。投资者和债权人将资源提供给某一企业，必然对该企业的经济资源享有要求权。通常，投资者对经济资源的要求权称为所有者权益；债权人对经济资源的要求权称为负债。企业将这些经济资源使用在各个方面，如现金、存货、固定资产等，形成企业的资产。所以，资产与负债和所有者权益实质上是同一价值运动的两个方面的表现，资产的价值量必然等于负债与所有者权益之和。用等式表述即：资产＝负债＋所有者权益。这个等式静态地反映了资产与负债和所有者权益之间的关系。

企业开展生产经营活动的直接目的是实现利润。为了追求利润，企业努力获取收入，同时必然发生相应的费用。通过收入与费用的比较，就可以计算出一定期间的赢利水平，确认当期实现的利润总额。利润与收入和费用的关系用等式表述即：收入－费用＝利润。这一等式动态地反映了经营成果与相应期间的收入和费用的关系。

若企业赚取利润，将使所有者权益增加，相应的资产也增加；若企业发生亏损，将使所有者权益减少，相应的资产也减少。用等式表述即：资产＝负债＋所有者权益＋（收入－费用）。这一等式把企业的财务状况与经营成果联系起来，说明了经营成果对资产和所有者权益产生影响，同时也体现了会计六要素之间的内在联系。

经济业务的发生必然引起资产和权益总额发生增减变化，但不会破坏资产和权益总额的恒等关系。错综复杂的经济业务，不外乎以下四种类型。

（1）经济业务的发生，引起资产项目之间有增有减，增减金额相等。
（2）经济业务的发生，引起权益项目之间有增有减，增减金额相等。
（3）经济业务的发生，引起资产项目和权益项目同时增加，增加金额相等。
（4）经济业务的发生，引起资产项目和权益项目同时减少，减少金额相等。

当然，上述四种类型还未涉及收入、费用、利润要素，企业在生产经营活动中，经常会发生收入和费用的经济业务，这些业务也会影响到资产、负债和所有者权益总额上的变化，但其结果最终都不会破坏会计等式的平衡关系。

📝 任务资料

（一）湘丰制造有限公司会计要素结构表

湘丰制造有限公司2019年6月1日会计要素结构表如表2-2所示。

表 2-2　会计要素结构表

资产项目	余额（万元）	负债及权益项目	余额（万元）
库存现金	1	短期借款	18
银行存款	20	应付账款	12
应收账款	12	实收资本	233
原材料	14	资本公积	47
库存商品	8.5		
固定资产	254.5		
合计	310		310

（二）湘丰制造有限公司发生的部分业务

湘丰制造有限公司 2019 年 6 月发生的部分业务如下。

1. 从银行取得三年期借款 80 万元，已办妥手续，款项已划入公司存款账。
2. 以银行存款 30 万元支付上年未还的应付货款。
3. 开出现金支票 1 万元，以备日常开支使用。
4. 应付给祺辉公司的应付账款 10 万元，经协商祺辉公司同意转为对本公司的投资款。
5. 按法定程序将资本公积 30 万元转增资本金。
6. 收到投资者投入人民币 200 万元，手续已办妥，款项已转入公司存款账户。
7. 按法定程序将价值 100 万元的设备调出，以抽回国家对公司的投资。
8. 开出商业承兑汇票 5 万元抵付应付账款。
9. 用冲减对 A 公司投资的方式（手续已办妥），承诺代 A 公司偿还前欠大路公司货款 100 万元，但款项尚未支付。

任务要求

1. 根据任务资料（二）分析经济业务对资产与权益项目的具体影响，填写会计要素状态变化表（见表 2-3）。
2. 根据任务资料（一）和（二）计算资产与权益的合计数，检查资产与权益是否平衡，填写月末会计要素恒等关系表（见表 2-4）。
3. 根据表 2-3 和表 2-4 的结果，说明会计要素及其相互关系。

表 2-3　会计要素状态变化表

年　　月　　　　　　　　　　　　　　金额单位：万元

业务序号	会计要素状态变化类型	资产			负债			所有者权益		
		项目名称	增加	减少	项目名称	增加	减少	项目名称	增加	减少
1										
2										
3										

续表

业务序号	会计要素状态变化类型	资产			负债			所有者权益		
		项目名称	增加	减少	项目名称	增加	减少	项目名称	增加	减少
4										
5										
6										
7										
8										
9										
合计	增减合计									
	增减净额									

表 2-4 会计要素恒等关系表

年　月　日　　　　　　　　　　　　　　　　金额单位：万元

会计要素具体项目	期初金额			本期增减金额					期末金额		
	资产	权益		资产		权益			资产	权益	
		负债	所有者权益	增加	减少	负债		所有者权益		负债	所有者权益
						增加	减少	增加	减少		
合计											

项目三　原始凭证的填制与审核实训

实训综述

通过本项目实训，使学生明确原始凭证应具备的基本要素，熟悉原始凭证的填制规范；掌握填制原始凭证的基本技能，能根据经济业务的性质、内容，正确地填制原始凭证，并完备有关手续，书写规范；同时明确审核原始凭证的必要性，掌握审核原始凭证的方法，能对接受的原始凭证按照《会计基础工作规范》中的要求进行审核，对原始凭证的错误进行更正。

任务一　填制原始凭证

任务描述

原始凭证的填制是会计核算的基础环节之一。正确规范地填制原始凭证是会计人员的一项基本技能。本任务要求学生掌握原始凭证的正确填制方法。

任务指导

原始凭证的填制规范主要包括以下几个方面。

（1）真实可靠。如实填列经济业务内容和数字，不得弄虚作假，不得涂改、挖补。

（2）内容完整。应该填写的项目要逐项填写（接受凭证方应注意逐项验明），不可缺漏，尤其需要注意的是，年、月、日要按照填制原始凭证的实际日期填写；名称要写全，不能简化；品名或用途要填写明确，不能含混不清；有关经办业务人员的签章必须齐全。

（3）填制及时。每当一项经济业务发生或完成，都要立即填制原始凭证，做到不积压、不误时、不事后补制。

（4）书写清楚。原始凭证上的数字和文字，要认真填写，做到字迹清晰、整齐规范、易于辨认。不得使用未经国务院公布的简化汉字。一旦出现书写错误，不得随意涂改、刮擦、挖补，应按规定办法更改。有关货币资金收付的原始凭证，如果填写错误，不允许在凭证上进行更改，只能加盖"作废"戳记，重新填写，以免错收错付。

（5）顺序使用。收付款项或实物的凭证要按顺序分类编号，在填制时按照编号的次序使用，跳号的凭证应加盖"作废"戳记，不得撕毁。

（6）各种收付款项的原始凭证应由出纳人员签名或盖章，并且分别加盖"现金收讫""现金付讫""银行收讫""银行付讫"印章。

任务资料

湘丰制造有限公司 2019 年 6 月发生以下经济业务。（基本存款银行：中国工商银行娄底支

行。账号：1913010109024569896，纳税人识别码：914313027890222182）

1. 1日，从银行提取现金1 000元备用，需填制现金支票一张。

【业务1】

中国工商银行 现金支票存根 10204430 000265245	中国工商银行 现金支票	10204430 000265245
附加信息	出票日期（大写）：　年　月　日	付款行名称：工商银行娄底支行
	收款人：	出票人账号：1913010109024569896
出票日期　年　月　日	人民币（大写）	亿 千 百 十 万 千 百 十 元 角 分
收款人：	用途：_____	密码
金　额：	上列款项请从我账户内支付	复核　　　记账
用　途：	出票人签章　刘晨印	
单位主管　　会计		

2. 5日，采购员李兵出差，借支差旅费800元，需填制借支单一张。

【业务2】

借 支 单

年　月　日

姓　名		工作部门		职　务	
借款原因			领导审批	同意　李平	
借支金额	人民币（大写）			现金付讫	
备　注					

会计：　　　出纳：　　　借支人：

3．6日，销售给西安海宏有限公司儿童背心500件（单价32元）、男式背心200件（单价48元），增值税税率13%，需填制增值税专用发票一张。（西安海宏有限公司开户行：中国工商银行平安支行营业部。账号：1901554732403585435。地址、电话：平安路87号，029-82386488。纳税人识别号：9161158566247836101。）

【业务3】

No 00035601　43000452045
　　　　　　　00035601

购货单位	名　　称：		密码区	2489—1＜9—7—615962848＜032/52＞ 9/29533—49748＜032/52＞9/29533—4974 1626＜8—3024＞82906—28＜032/52＞ 9/29533—4974—47—6＜7＞2*—/＞*＞6	第一联：记账联　销货方记账凭证
	纳税人识别号：				
	地　址、电　话：				
	开户行及账号：				

货物或应税劳务名称	规格型号	单位	数量	单价	金　额	税率	税　额
*服装*儿童背心							
*服装*男式背心							
合　计							

价税合计（大写）		（小写）	

销货单位	名　　称：	湘丰制造有限公司	备注	
	纳税人识别号：	914313027890222182		
	地　址、电　话：	娄底市育才路8号，0738-6228779		
	开户行及账号：	工商银行娄底支行，1913010109024569896		

收款人：　　　　　复核：　　　　　开票人：　　　　　销货单位（章）

4．10日，上月采购的乙材料10吨（单价800元）已验收入库，需填制收料单一张。（供货单位：娄底长恒股份有限公司。发票号码：00023121。）

【业务4】

收　料　单

材料科目：　　　　　　　　　　　　　　　编　　号：

材料类别：　　　　　　　　　　　　　　　收料仓库：

供应单位：　　　　　　　　　　　　　　　发票号码：

填制日期：　　　年　月　日

| 材料编号 | 材料名称 | 规格 | 计量单位 | 数量 || 实际价格 ||||
				应收	实收	单价	发票金额	运费	合计

备　注：

采购员：　　　　　检验员：　　　　　记账员：　　　　　保管员：

5. 11 日，归还株洲正大工厂的货款 20 500 元，需填制电汇凭证一张。（株洲正大工厂开户行：株洲市农业银行南方路支行。账号：1801600100447865345。）

【业务 5】

 中国工商银行

电 汇 凭 证

币别：　　　　　　　　　　年　月　日　　　　　　　凭证编号：0110093718

汇款方式	□普通　　□加急			
汇款人	全　称		收款人	全　称
	账　号			账　号
	开户银行			开户银行
金额	（大写）		百十万千百十元角分	

此联是银行交付款人的支款凭证

工商银行娄底支行
2019.06.11
转讫

支付密码
附加信息及用途
此汇款支付给收款人
客户签章

会计主管　　　授权　　　　复核　　　　录入

---

6. 20 日，采购员李兵出差归来，报销差旅费，需填制差旅费报销单和现金付讫凭单各一张。（15 日，从娄底市坐汽车到益阳，汽车票一张，计 100 元；19 日，坐汽车返回娄底，汽车票一张，计 100 元；住宿费实行包干制，每晚标准 120 元，共 4 晚；伙食费补助每天 20 元，共 5 天，计 100 元；公共汽车票 85 元。）

【业务 6-1】

差旅费报销单

单位名称：　　　　　　填报日期：　年　月　日　　　　　　　　　　单位：元

姓　名		职　级		出差事由		出差时间	计划　　天	备注
							实际　　天	
日　期		起止地点		飞机、车、船票		其　他　费　用		
月	日	起	止	类别	金额	项目	标准	计算天数	核报金额
						住宿费	包干报销		
							限额报销		
						伙食补助费			
						车、船补助费			
						其他杂支			
		小　计					小　计		
总计 金额（大写）		万仟佰拾元角分				预支＿＿　核销＿＿　退补＿＿			

主管：　　　　部门：　　　　审核：　　　　填报人：

【业务 6-2】

现金付讫凭单

年　月　日　　　　　　　　　　　　　第　号

付款事由	
金额（大写）	现金付讫
备注	

会计主管：　　　　　复核：　　　　　出纳：

---

7. 20 日，收到娄底市远东机电公司转账支票一张，金额 48 500 元，归还其前欠货款，需填制进账单一张。（该公司开户行：中国工商银行娄底支行。账号：1913010109024565323。）

【业务 7】

中国工商银行　进　账　单（收账通知）

年　月　日　　　　　　　　　第　号

出票人	全　称		收款人	全　称	
	账　号			账　号	
	开户银行			开户银行	工商银行娄底支行 2019.06.20 转讫

人民币（大写）		百 十 万 千 百 十 元 角 分

票据种类		票据张数	
票据号码			
款项来源		复核　　记账	

此联是银行交收款人的收账通知

---

8. 21 日，为包装产品领用包装箱 100 个，单价 45 元，领料人孙文，需填制领料单一张。

【业务 8】

领　料　单

领料部门：

领料用途：

年　月　日　　　　　　　　　第　号

编号	品名	规格	单位	请领数量	实发数量	单价	金额	备注
附件：			张		合　计			

会计：　　　记账：　　　发料：　　　领料：　　　制单：

9. 22 日，购买办公用品 185 元，需填制一张销售发票和一张转账支票。（钢笔 5 支，单价 15 元，计 75 元；圆珠笔 10 支，单价 5 元，计 50 元；笔记本 20 本，单价 3 元，计 60 元。）

【业务 9-1】

湖南通用机打发票
娄底市天红百货有限公司
发票联

发票代码 143001631830
发票号码 27429856

开票日期：　年　月　日　　行业分类：货物销售

付款方名称	湘丰制造有限公司	地址及电话		税号登记证号	91431302789022182	
品名或项目	规格或说明	单位	数量	单价	金额	
钢笔						
圆球笔						
笔记本						
人民币（大写）	壹佰捌拾伍元整					
销货单位	91421300578641111y	税号登记证号		91421300578641111y		

开票人：张立　　收款人：陈浩

【业务 9-2】

中国工商银行
转账支票存根
10204430
00026539

附加信息

出票日期　年　月　日

收款人：	
金　额：	
用　途：	

单位主管　　会计

中国工商银行　转账支票　　10204430　00026539

出票日期（大写）：　年　月　日　　付款行名称：工商银行娄底支行
收款人：　　　　　　　　　　　　　　出票人账号：1913010109024569896

人民币（大写）　　　　　　亿千百十万千百十元角分

用途：
上列款项请从
我账户内支付
出票人签章　刘晨印

密码

湘丰制造有限公司
94313027890222182
复核　财务专用章　记账

10. 28 日，收到职工李红归还的借款 3 500 元，需填制收据一张。

【业务 10】

收　据

年　月　日　　　　　　　　　　　　　第　号

今收到								
人民币（大写）：				十万千百十元角分				
事由：		现金	现金收讫					
		支票						
收款单位	财务负责人	收款人						

任务要求

1. 熟悉、甄别经济业务的种类、性质。
2. 根据经济业务逐笔填制原始凭证。
3. 对填制完毕的原始凭证，要认真检查业务手续是否齐备。

任务二　审核原始凭证

任务描述

对原始凭证进行审核是会计人员的法定职责。本任务要求学生掌握原始凭证审核的方法。

任务指导

（一）原始凭证的审核

《会计法》规定，会计机构、会计人员必须审核原始凭证，这是法定职责。会计机构、会计人员进行原始凭证审核，主要包括以下几个方面。

1. 审核原始凭证的合法性

原始凭证合法性的审核，包括内容的合法性和形式的合法性两个方面。审核原始凭证内容的合法性，主要审核原始凭证所反映的经济业务是否符合国家的方针、政策、法律、法规及财政、财务、会计制度的规定；审核原始凭证形式的合法性，主要审核原始凭证的形式是否符合《全国发票管理办法》的规定。根据《全国发票管理办法》的规定，除某些专业票据（如车、船票等）以外，其他一切发票和收款收据都必须印有税务机关的全国统一发票监制章。

2. 审核原始凭证的真实性

原始凭证真实性的审核，即审核原始凭证所反映的经济业务的本来面貌，有无掩盖、伪造、歪曲和颠倒。

对于自制的原始凭证，如收料单、领料单、工资结算单等，应审核收料单所列材料是否确已验收入库；领料单所列领料用途是否虚构，是否将与生产无关的领料作为生产领用材料；工资结算单中的姓名、出勤天数、加班天数是否真实等。

对于外来原始凭证，如发票、运单、银行结算凭证等，真实性的审核应当包括以下四个方面。

（1）经济业务的双方当事单位和当事人必须是真实的。

（2）经济业务发生的时间、地点和填制日期必须是真实的。

（3）经济业务的内容必须是真实的。

（4）经济业务所包含的实物量、劳动量、价值量必须是真实的。

3. 审核原始凭证的合理性

以国家的有关方针、政策、法律、法规、制度和相关的计划、合同为依据，审核原始凭证所记录经济业务是否符合企业生产经营活动的需要，是否符合有关的计划和预算。

4. 审核原始凭证的正确性

原始凭证正确性的审核，主要审核原始凭证的填制方法和数字的计算是否正确。例如，原始凭证中的数量乘上单价是否等于金额，分项金额之和是否等于合计金额；差旅费报销时有关补贴的计算是否正确；工资结算单中工资的计算是否正确，等等。

5. 审核原始凭证的完整性

原始凭证完整性的审核，主要审核原始凭证的构成要素是否完整、手续是否完备，具体来说，要注意以下几点。

（1）原始凭证的内容必须齐全，如凭证的名称、填制凭证的日期、填制和接受凭证的单位和个人、经济业务的内容和有关人员的签章等都应齐备。

（2）从外单位取得的原始凭证，必须盖有填制单位的发票专用章或财务专用章；从个人取得的原始凭证，必须有填制人员的签名或盖章。自制原始凭证必须有经办部门负责人或其指定人员的签名或盖章，对外开具的原始凭证必须加盖本单位具有法律效力和规定用途的公章，如业务公章、财务专用章、发票专用章、收款专用章等。

（3）凡填有大写和小写金额的原始凭证，大写与小写的金额必须相符，符合书写规范。

（4）购买实物的原始凭证，必须有验收证明。实物购入以后，要按照规定办理验收手续，这有利于明确经济责任，保证账实相符，防止盲目采购，避免物资短缺和流失。会计人员要对有关原始凭证进行监督检查，需要入库的实物，必须填写入库验收单，由仓库保管人员在入库验收单上如实填写实收数额，并签名或盖章；不需要入库的实物，由经办人员在凭证上签名或盖章以后，必须交由实物保管人员或使用人员进行验收，并由实物保管人员或使用人员在凭证上签名或盖章。经过购买人以外的第三者查证核实以后，会计人员才能据以报销付款并做进一步的会计处理。

（5）一式几联的原始凭证，必须用双面复写纸套写或本身就具备复写功能；必须注明各联的用途，并且只能以一联用作报销凭证；必须连续编号，作废时应加盖"作废"戳记，连同存根一起保存。

（6）发生销货退回及退还货款时，必须填制退货发票，并且附有退货验收证明和对方单位的收款收据，不得以退货发票代替对方的收据。如果情况特殊，可先用银行的有关凭证，如汇款回单等，作为临时收据，待收到收款单位的收款证明后，再将其附在原付款凭证之后，作为正式原始凭证。

（7）职工因公出差借款应填写正式收据，附在记账凭证之后。职工借款时，应由本人填制借款单，经审核并签名或盖章，然后办理借款。借款收据是此项借款业务的原始凭证，在收回借款时，应当另开收据或退还借款收据的副本，不得退还原借款收据。

（8）经上级有关部门批准的经济业务，应当将批准文件作为原始凭证附件。如果批准文件需要单独归档的，应当在凭证上注明批准机关名称、日期和文件字号。

会计机构、会计人员对不真实、不合法的原始凭证有权不予受理，并向单位负责人报告，请求查明原因，追究有关当事人的责任；对记载不准确、不完整的原始凭证应予以退回，并要求经办人员按照国家统一的会计制度的规定进行更正、补充。

对手续不全、编号不符合要求或计算有错误的原始凭证，应向经办业务人员说明情况，让其补办手续或改正。

对违反制度和法令的一切收支，会计人员有权拒绝付款、拒绝报销或拒绝执行，并向本单位领导报告。

对伪造凭证、涂改凭证和虚报冒领等不法行为，会计人员应扣留原始凭证，向领导提出书面报告，请求严肃处理。

（二）原始凭证的错误更正

为了规范原始凭证的内容、明确相关人员的经济责任、防止利用原始凭证进行舞弊，《会计法》对原始凭证错误更正做了规定，其内容包括如下几点。

（1）原始凭证所记载的各项内容均不得涂改，随意涂改原始凭证为无效凭证，不能作为填制记账凭证或登记会计账簿的依据。

（2）原始凭证记载的内容有错误的，应当重开或更正。重新开具原始凭证也应当由开具原始凭证的单位开具；更正工作也必须由开具原始凭证的单位更正，并在更正处加盖开具单位印章。

（3）原始凭证金额出现错误的不得更正，只能由开具原始凭证的单位重新开具。因为原始凭证上的金额是反映经济业务事项的最重要数据，如果允许随意更改，容易产生舞弊，不利于保证原始凭证数据的真实性。

（4）原始凭证开具单位应当依法开具准确无误的原始凭证，对于填制有误的原始凭证，负有更正和重新开具的法律义务，不得拒绝。

任务资料

见本项目任务一的任务资料。

任务要求

1. 要求学生以"会计主管"的身份对原始凭证所记载的经济业务进行合法性、真实性、合理性、正确性、完整性审核。

2. 对有差错的原始凭证按规定方法进行更正。

3. 传递原始凭证。

项目四　记账凭证的填制与审核实训

实训综述

记账凭证的填制与审核是会计核算的基础环节之一，正确、及时、完整地填制记账凭证是提高会计信息质量的保证。记账凭证必须根据原始凭证或原始凭证汇总表按规定程序填制。填制完成的记账凭证交稽核人员审核，确认审核无误后，再交记账人员据以登记账簿。通过本项目实训，使学生明确记账凭证应具备的基本要素，了解记账凭证的填制与审核的基本程序，掌握根据原始凭证判断经济业务并填制、审核记账凭证的基本操作技能。

实训指导

（一）记账凭证的填制要求和程序

1. 正确选择记账凭证种类

如果一个单位经济业务繁杂，且收、付款业务较多，可采用专用记账凭证；如果一个单位经济业务较简单、规模较小，或收、付款业务较少，可采用通用记账凭证。

2. 必须以审核无误的原始凭证为依据

除结账和更正错账的记账凭证可以不附原始凭证外，其余记账凭证必须附有原始凭证。

3. 按照统一会计制度的规定，正确填写会计科目，编制会计分录

填写会计科目时，应当填写会计科目的全称和子目甚至细目。记账凭证中所编制的会计分录一般应是一借一贷、一借多贷或多借一贷，避免因多借多贷使账户的对应关系不清。对于一些特殊业务，只有多借多贷才能说明来龙去脉时，应按多借多贷填写一张记账凭证，而不能将其拆开。不得将不同内容和类别的经济业务汇总填制在一张记账凭证上。

4. 正确填写记账凭证的日期

付款凭证一般以财会部门付出现金或开出银行付款结算凭证的日期填写；现金收款凭证应当填写收款当日的日期；银行存款收款凭证实际收款日期可能和收到该凭证的日期不一致，则按填制收款凭证的日期填写；月末计提、分配费用、成本计算、转账等业务，大多是在下月初进行，但日期应当填写当月最后一天的日期。

5. 正确填写记账凭证的金额

记账凭证的金额必须与原始凭证的金额相符；阿拉伯数字应书写规范，并填至分位；相应的数字应平行对准相应的借贷栏次和会计科目的栏次，防止错栏串行；合计行填写金额合计时，应在金额最高位数值前填写人民币"¥"符号，以示金额封口，防止窜改。

6. 记账凭证应按行次逐笔填写，不得跳行或留有空行

记账凭证"金额"栏数值行的最后一行与底部的"合计"行之间留有的空行，用斜线或"S"线注销。所画的斜线或"S"线，应自"金额"栏最后一笔金额数字下的空行"分"位，画到"合计"行上面"金额"栏开头处的空格。

7. 记账凭证应按月编号

当企业采用通用记账凭证时,记账凭证的编号可以采用顺序编号,即每月都应按经济业务顺序从 1 号开始,统一编号。当企业采用专用记账凭证时,则采用"字号编号法"。"字"的两种编号方法为:①分收款、付款、转账业务三类按顺序编号;②分现收、银收、现付、银付和转账业务五类按顺序编号。"号"的编法有整数编号法和分数编号法两种:一笔或几笔同类经济业务填制一张记账凭证时,用整数编号法顺序编号;一笔经济业务需在两张或两张以上的同类记账凭证上共同反映时,应采用分数编号法。例如,一笔转账业务需要填制三张转账凭证,转账凭证序号为 9 号时,这三张凭证可分别编"转字 $9\frac{1}{3}$ 号""转字 $9\frac{2}{3}$ 号""转字 $9\frac{3}{3}$ 号"。

8. 计算和填写所附原始凭证的张数

记账凭证一般应当附有原始凭证,附件张数用阿拉伯数字写在记账凭证右侧的"附件××张"竖行内。附件张数的计算方法有:①以所附原始凭证的自然张数为准;②以所附原始凭证汇总表的张数为准,但需把原始凭证作为原始凭证汇总表的附件张数处理;③对于汽车票、火车票等形状较小的原始凭证,可粘贴在"凭证粘贴单"上,作为一张原始凭证来对待,但需在"凭证粘贴单"上注明所粘贴的张数和金额;④当一张或几张原始凭证涉及几张记账凭证时,可将原始凭证附在一张主要的记账凭证后面,并在"摘要"栏内注明"本凭证附件包括××号记账凭证业务"字样,在其他没有附原始凭证的记账凭证上注明"原始凭证附在××号记账凭证后面"字样;⑤原始凭证的复印件,不能作为填制记账凭证的依据。

9. 记账凭证签名或盖章

记账凭证(包括机制记账凭证)填制完成后,相关人员应分别签名或盖章,目的是明确其经济责任,并使会计人员互相制约、互相监督,防止错误和舞弊行为的发生。对于收款凭证及付款凭证,还应由出纳人员签名或盖章,以证明款项已收讫或付讫。

(二)记账凭证审核的主要内容

1. 内容是否真实

审核记账凭证与所附原始凭证在经济内容和金额上是否一致。

2. 项目是否齐全

审核记账凭证各项目的填写是否齐全,如日期、凭证编号、摘要、会计科目、金额、所附原始凭证张数、有关人员签章等。

3. 科目是否正确

审核记账凭证应借、应贷的账户名称和金额是否正确,账户对应关系是否清楚,是否符合会计制度。

4. 金额是否正确

审核记账凭证所记录的金额与原始凭证的有关金额是否一致,原始凭证中的数量、单价、金额计算是否正确。

5. 书写是否规范

审核记账凭证中的记录文字是否工整、数字是否清晰,是否按规定使用蓝墨水笔或碳素墨水笔。

任务一　填制与审核专用记账凭证

任务描述

专用记账凭证是指分类反映经济业务的记账凭证。这种记账凭证按其反映经济业务的内容不同，可分为收款凭证、付款凭证、转账凭证。收款凭证、付款凭证是用来反映货币资金收入、付出业务的凭证。转账凭证是用来反映非货币资金业务的凭证，非货币资金业务是指不涉及货币资金增减变动的业务。填制专用记账凭证后，要经过审查和核对后，才能登记入账。本任务要求学生掌握专用记账凭证的填制方法与审核技能。

任务指导

收款凭证的填制：在收款凭证左上角"借方科目"处填写"库存现金"或"银行存款"科目；与"库存现金"或"银行存款"相对应的总账科目和明细科目，填在该凭证的"贷方科目"栏里；"金额"栏中填列贷方科目的实际发生额；"合计"行中填写贷方金额的合计数，合计数表示借、贷双方的记账金额。

付款凭证的填制：在付款凭证左上角"贷方科目"处填写"库存现金"或"银行存款"科目；与"库存现金"或"银行存款"相对应的总账科目和明细科目，填在该凭证的"借方科目"栏里；"金额"栏中填列借方科目的实际发生额；"合计"行中填写借方金额的合计数，合计数表示借、贷双方的记账金额。

需要注意的是，对于现金与银行存款之间及不同的银行存款之间的相互划转，一般只编制付款凭证，不编制收款凭证，以免重复记账。

转账凭证的填制："会计科目"栏中分别填写经济业务所涉及的全部应借应贷的总账科目与明细科目；借方科目的应记金额，在借方科目同行的"借方金额"栏中填列，贷方科目的应记金额，在贷方科目同行的"贷方金额"栏中填列；"借方金额"栏的合计数应与"贷方金额"栏的合计数相等；转账凭证其他栏目的填制与收、付款凭证的填制方法相同。

专用记账凭证的审核按实训规范的要求进行。

任务资料

（一）实训企业概况

企业名称：湘丰制造有限公司
注册资本：100万元
性　　质：有限责任公司
法人代表：朱一凡
会计主管：陈珊
记 账 员：吴斌
制单会计：李小丽
出　　纳：刘晨
保 管 员：刘鸣

备　　　注：本公司为地税局发票代开单位
税务登记类型：一般纳税人企业　　税务登记号：914313027890222182
公司地址：娄底市育才路8号　　电话号码：0738-6228779
开户银行：中国工商银行娄底支行
账号：1913010109024569896

（二）湘丰制造有限公司2019年9月发生的经济业务

【业务1】

中国工商银行
现金支票存根
10204430
00026635

附加信息

出票日期 2019年9月1日
收款人：刘晨
金　额：¥2500.00
用　途：备用

单位主管　会计

【业务2-1】

中国工商银行

电　汇　凭　证

年　月　日　　　　　凭证编号：0110093719

币别：

汇款方式	□普通	□加急		
汇款人	全　称		收款人	全　称
	账　号			账　号
	开户银行			开户银行
金额	（大写）		百十万千百十元角分	

支付密码
附加信息及用途
此汇款支付给收款人
客户签章

工商银行娄底支行
2019.09.2
转讫

会计主管　授权　复核　录入

此联是银行交付款人的支款凭证

33

【业务 2-2】

湖南增值税专用发票

发 票 联　　No 00065854

4300172130
0000065854

开票日期：2018 年 9 月 2 日

购货单位	名　称：	湘丰制造有限公司	密码区	3489—1＜9—7—61596214 8＜032/52＞9/29533—4971 1626＜8—3024＞80906—2 —48—6＜7＞2*—/＞*＞5
	纳税人识别号：	914313027890222182		
	地址、电话：	娄底市育才路 8 号，0738-6228779		
	开户行及账号：	工商银行娄底支行，1913010109024569896		

货物或应税劳务名称	规格型号	单位	数量	单价	金　额	税率	税　额
*化学纤维*涤纶		米	800	30.5	24400.00	13%	3172.00
合　计					¥24400.00		¥3172.00

价税合计（大写）	贰万柒仟伍佰柒拾贰元整	（小写）¥27572.00

销货单位	名　称：	娄底市宏恒有限公司	备注	信汇
	纳税人识别号：	91431302451287932E		
	地址、电话：	娄底长青路 12 号，0738-5587569		
	开户行及账号：	建行长青支行，1913010119024569123		

收款人：　　　复核：　　　开票人：王为　　　销货单位（章）

第三联：发票联　购货方记账凭证

【业务 2-3】

收 料 单

材料科目：材料　　编号：1203　　材料类别：原料及主要材料　　收料仓库：1 号仓库　　供应单位：娄底市宏恒有限公司

发票号码：00065854　　　　　　　　　　填制日期：2019 年 9 月 2 日　　　　　　　　　　金额单位：元

材料编号	材料名称	规格	计量单位	数量		实际价格			
				应收	实收	单价	发票金额	运费	合计
	涤纶		米	800	800	30.50			24400.00

备　注

采购员：　　　检验员：杨威　　　记账员：吴斌　　　保管员：刘鸣

【业务 3-1】

中国工商银行　进　账　单（收账通知）　　01321450

2019 年 *9* 月 *2* 日

出票人	全　称	娄底市向阳物资有限公司	收款人	全　称	湘丰制造有限公司
	账　号	1913010109023867926		账　号	1913010109024569896
	开户银行	工行广办		开户银行	工商银行娄底支行

人民币（大写）	叁万肆仟柒佰元整			千	百	十	万	千	百	十	元	角	分
			¥			3	4	7	0	0	0	0	0

票据种类	转支	票据张数	1
票据号码			
备注			

（盖章：工商银行娄底支行 2019.09.03 转讫　复核　记账）

【业务 3-2】

中国工商银行　进　账　单（收账通知）　　01221423

2019 年 *9* 月 *2* 日

出票人	全　称	娄底市八一材料厂	收款人	全　称	湘丰制造有限公司
	账　号	581257861466256		账　号	1913010109024569896
	开户银行	娄底市农行蜜蜂分行		开户银行	工商银行娄底支行

人民币（大写）	贰万伍仟元整			千	百	十	万	千	百	十	元	角	分
			¥				2	5	0	0	0	0	0

票据种类	转支	票据张数	1
票据号码			
备注			

（盖章：工商银行娄底支行 2019.09.03 转讫　复核　记账）

【业务 4-1】

湖南增值税专用发票

发 票 联   No 00069726

4300172130
00069726

开票日期：2019 年 9 月 3 日

购货单位	名　　称	湘丰制造有限公司	密码区	1289—1<9—7—61596214 8<032/52>9/29510—4974 1626<8—3021>82906—2 —47—6<7>2*—/>*>5		
	纳税人识别号	914313027890222182				
	地址、电话	娄底市育才路 8 号，0738-6228779				
	开户行及账号	工商银行娄底支行，1913010109024569896				

货物或应税劳务名称	规格型号	单位	数量	单价	金额	税率	税额
*纺织产品*棉布		米	1000	60.50	60500.00	13%	7865.00
*工艺品*丝绸		米	100	78.00	7800.00	13%	1014.00
合　计					¥68300.00		¥8879.00

价税合计（大写）	柒万柒仟壹佰柒拾玖元整	（小写）¥7179.00		
销货方	名　　称	邵阳市金阳机电有限公司	备注	
	纳税人识别号	91430502185569112E		
	地址、电话	东太路 107 号，0739-5259633		
	开户行及账号	农商银行，78647172010100000816		

收款人：　　　复核：　　　开票人：李铁　　　销货单位（章）

第三联：发票联　购货方记账凭证

【业务 4-2】

中国工商银行

电 汇 凭 证

2019 年 9 月 3 日　　　　凭证编号：0110093718

币别：

汇款方式	□普通	□加急

汇款人	全　称	湘丰制造有限公司	收款人	全　称	邵阳市金阳机电有限公司
	账　号	1913010109024569896		账　号	78647172010100000816
	开户银行	工商银行娄底支行		开户银行	农商银行

金额	（大写）柒万柒仟壹佰柒拾玖元整	百	十	万	千	百	十	元	角	分
		¥		7	7	1	7	9	0	0

支付密码：
附加信息及用途：
此汇款支付给收款人
　　　　　　　客户签章

工商银行娄底支行
2019.09.04
转讫

会计主管　　授权　　复核　　录入

此联是银行交付款人的支款凭证

39

【业务 4-3】

湖南增值税专用发票

发票联   No 00069726

4300172130
00069726

开票日期：2019 年 9 月 3 日

购货单位	名　　称：	湘丰制造有限公司			密码区	1289—1<9—7—61596214 8<032/52>9/29510—4974 1626<8—3021>82906—2 —47—6<7>2*—/>*>5			
	纳税人识别号：	914313027890222182							
	地　址、电　话：	娄底市育才路8号，0738-6228779							
	开户行及账号：	工商银行娄底支行，19130101090245698 96							
货物或应税劳务名称		规格型号	单位	数量	单价 3190.00	金额 3190.00	税率 6%	税额 191.40
物流辅助服务*代理运输费								
合　计						¥3190.00		¥191.40
价税合计（大写）		叁仟叁佰捌拾壹元肆角整			（小写）¥3381.40			
销货方	名　　称：	邵阳市金莱物流有限公司			备注			
	纳税人识别号：	91430502185569112E						
	地　址、电　话：	东太路36号，0739-5259692						
	开户行及账号：	农商银行，78647172010100000726						

收款人：　　　复核：　　　开票人：李铁　　　销货单位（章）

【业务 4-4】 填写材料运杂费分摊表。

材料运杂费分摊表

2019 年 9 月 4 日

材料名称	分配标准（吨）	分配率	分配金额（元）
棉布	1000		
丝绸	100		
合　计	1100		

制表：

【业务 5】 业务 4 中的两种材料均已如数验收入库，按实际成本结转。

收 料 单

材料科目： 　　　　　　　　　　　　　　　　编　号：
材料类别： 　　　　　　　　　　　　　　　　收料仓库：
供应单位： 　　　　　　　　　　　　　　　　发票号码：
填制日期： 　　　　　　　　　　　　　　　　　年　月　日

材料编号	材料名称	规格	计量单位	数量		实际价格（元）			
				应收	实收	单价	发票金额	运费	合计
备　注									

采购员： 　　　检验员： 　　　记账员： 　　　保管员：

【业务 6】

发料凭证汇总表

　　　　　　　　　　　　　　　　　　　　　　　　2019 年 *9* 月 *5*日　　单位：吨，元

领料部门及用途		棉布			涤纶			丝绸			合计
		数量	单价	金额	数量	单价	金额	数量	单价	金额	
基本生产	男西装	*385*	*63.4*	*24409*							
	女西装				*568*	*30.5*	*1732.4*				
车间耗用					*40*	*30.5*	*1220*				
管理部门					*24*	*30.5*	*732*				
合　计		*385*	*63.4*	*24409*	*632*	*30.5*	*19276*				

会计主管： 　　　记账： 　　　保管： 　　　制表：*张扬*

【业务7-1】

湖南增值税专用发票

4300172130　　　　　　　　　　　No 00069783　　　　　　　　4300172130
00069783

此联不作报销、扣税凭证使用　　　开票日期：2019 年 9 月 5 日

购货单位	名　　　称：	娄底大华有限公司	密码区	2488—1＜8—7—61596245 8＜032/52＞9/29533—4944 1621＜8—3021＞82906—2 —47—6＜7＞2*—/＞*＞1
	纳税人识别号：	914313027890202142		
	地　址、电　话：	娄底市新星南路56号，0738-8360289		
	开户行及账号：	娄底市工行营业部，1913010109024525413		

货物或应税劳务名称	规格型号	单位	数量	单价	金　额	税率	税　额
*服装*男西装		件	75	1100.00	82500.00	13%	10725.00
合　计					￥82500.00		￥10725.00

价税合计（大写）	玖万叁仟贰佰贰拾伍元整　　　　　（小写）￥93225.00

销货单位	名　　　称：	湘丰制造有限公司	备注	
	纳税人识别号：	914313027890222182		
	地　址、电　话：	娄底市育才路8号，0738-6228779		
	开户行及账号：	工商银行娄底支行，1913010109024569896		

收款人：　　　　复核：　　　　开票人：陈姬　　　　销货单位（发票专用章）

第一联：记账联　销货方记账凭证

【任务 7-2】

中国工商银行
INDUSTRIAL AND COMMERCIAL BANK OF CHINA

日期：2019 年 09 月 5 日　　　　　　　　回单编号：1524700001

收款人户名：湘丰制造有限公司　　　　收款人开户行：工商银行娄底支行
收款人账号：1913010109024569896
付款人户名：娄底大华有限公司　　　　付款人开户行：娄底市工行营业部
付款人账号：1913010109024525413
金额合计（大写）：人民币玖万叁贰佰贰拾伍元整　　小写：RMB93,225.00
业务（产品）种类：现金　　　凭证种类：0000000　　凭证号码：000000000000
摘要：商品款　　　用途：货款　　　　　　币种：人民币
交易机构：106500100180　记账柜员：00156　交易代码：52139　渠道：网上银行

附言：
支付交易序号：56123078　报文种类：小额客户发起普通贷记业务，委托日期：2019-09-5
业务类型（种类）普通汇兑　指令编号：HQP1070013780　提交人：0920101905200002，c_1901
最终授权人：

本回单为第1次打印，注意重复　　打印日期：2019 年 09 月 05 日　　打印柜员：9　验证码：249F6AERFB001

【业务 8-1】

中国工商银行
转账支票存根
10204430
00026588

附加信息
_____
_____

出票日期 2019 年 9 月 6 日

收款人：	娄底光明物资供应公司
金　额：	¥54000.00
用　途：	偿还货款

单位主管　　会计

47

【业务8-2】

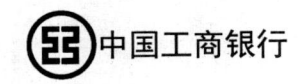

中国工商银行

电 汇 凭 证

2019 年 9 月 6 日 凭证编号：0110093718

币别：

汇款方式	□普通	□加急										
汇款人	全称	湘丰制造有限公司	收款人	全称	湘潭市新华材料厂							
	账号	19130101090245669896		账号	19130101090245668931							
	开户银行	工商银行娄底支行		开户银行	工商银行湘潭市支行营业部							
金额	（大写）肆万陆仟元整				百	十万	千	百	十	元	角	分
					¥	4	6	0	0	0	0	0
	工商银行娄底支行 2019.09.06 转讫		支付密码									
			附加信息及用途									
			此汇款支付给收款人									
									客户签章			

会计主管　　　授权　　　复核　　　录入

此联是银行交付款人的支款凭证

【业务9】

中国工商银行电子缴税付款凭证

日期：2019 年 9 月 7 日

付款人账号：1913010109024569896	征收机关：国家税务总局湖南省税务局
付款人名称：湘丰制造有限公司	收款人名称：国家金库娄底市娄星区支库
付款人开户银行：中国工商银行娄底支行	

金额：¥44800.00

人民币：肆万肆仟捌佰元整

业务种类：实时缴税　　　　业务编号：　39533068

纳税人识别号：914313027890222182　　缴款书交易流水号：345268　税票号：34136190081700

纳税人全称：湘丰制造有限公司

税种名称：	所属日期	实缴金额
增值税：	2019-08-01----2019-08-31	¥40000.00
城市维护建设税	2019-08-01----2019-08-31	¥2800.00
教育费附加	2019-08-01----2019-08-31	¥1200.00
地方教育费附加	2019-08-01----2019-08-31	¥800.00

交易机构　12776　　交易渠道：其他　　交易流水号：70288070-880

（中国工商银行股份有限公司 电子回单专用章）

【业务10-1】

湖南通用机打发票
娄底市天红百货有限公司
发票联

发票代码 143001631830
发票号码 27429856

开票日期：2019 年 9 月 8 日　　行业分类：货物销售

付款方名称	湘丰制造有限公司	地址及电话		税号登记证号	914313027890222182	
品名或项目	规格或说明	单位	数量	单价	金额	
*服装		套	2	400.00	800.00	
*工作服						
人民币（大写）	捌佰元整					
销货单位	914313005786411111y（娄底市天红百货有限公司发票专用章）		税号登记证号	914313005786411111y		

开票人：张立　　收款人：陈浩

【业务 10-2】

现金付讫凭证单

2019 年 9 月 8 日　　　　　　　　　　　第　　号

付款事由	购工作服
金额（大写）	捌佰元整
备注：	直接交付车间做劳保用品使用

现金付讫

会计主管：　　　　复核：　　　　出纳：刘晨

【业务 11-1】

托收凭证（受理回单）

受托日期　年　月　日

业务类型		受托收款（□邮划、□电划）			托收承付（□邮划、□电划）	
付款人	全称		收款人	全称		
	账号			账号		
	地址	开户行		地址	开户行	
金额	人民币(大写)			亿 千 百 十 万 千 百 十 元 角 分		
款项内容	货款	托收凭据名称	发票合同	附寄单证张数	4	
商品发运情况			合同名称号码			
备注：铁运 2017-3525	款项收妥日期　　　　　年　月　日		工商银行娄底支行 2019.09.10 转讫　　　　年　月　日			
审核：记账						

此联作收款人开户银行给收款人的受理回单

53

【业务 11-2】

湖南增值税专用发票

No 00069784　　4300172130
　　　　　　　　　00069784

4300172130

此联不作报销、扣税凭证使用　　开票日期：2019 年 9 月 10 日

购货单位	名　　称：	湖北红星塑料厂			密码区	2487—2＜9—7—61594584 8＜032/52＞9/29533—4974 1626＜8—3024＞82906—2 —41—6＜7＞2*—/＞*＞1			
	纳税人识别号：	914210530721305875							
	地　址、电　话：	汉口市汉阳路，027-59410209							
	开户行及账号：	工行营业部，1902345762112372241							
货物或应税劳务名称	规格型号	单位	数量	单价	金　额	税率	税　额
*服装*女西装		件	26	500.00	13000.00	13%	1690.00
合　计					¥13000.00		¥1690.00
价税合计（大写）	壹万肆仟陆佰玖拾元整			（小写）¥14690.00			
销货单位	名　　称：	湘丰制造有限公司			备注	（湘丰制造有限公司 914313027890222182 发票专用章）			
	纳税人识别号：	914313027890222182							
	地　址、电　话：	娄底市育才路8号，0738-6228779							
	开户行及账号：	工商银行娄底支行，1913010109024569896							

收款人：　　　复核：　　　开票人：陈姬　　　销货单位（章）

第一联：记账联　销货方记账凭证

【业务 11-3】

代垫费用清单（存根）

2019 年 9 月 10 日　　　　　　　　　　　　　　　　　第 0002 号

单位名称	湖北红星塑料厂	附送单据	1 张
费用项目	运杂费	金额（大写）：伍佰元整　（小写）¥500.00	
备　注			

55

【业务 11-4】

中国工商银行
转账支票存根
10204430
000265452

附加信息

出票日期 *2019* 年 *9* 月 *10* 日

收款人：	娄底湘运公司
金　额：	¥500.00
用　途：	代垫运费

单位主管　　会计

【业务 12-1】

中国工商银行
转账支票存根
10204430
000265453

附加信息

出票日期 *2019* 年 *9* 月 *10* 日

收款人：	娄底明珠电脑有限公司
金　额：	¥16950.00
用　途：	购手提电脑

单位主管　　会计

【业务12-2】

湖南增值税专用发票

发票联　　　　　　　　　　No 00065854

4300172130　　　　　　　　　　　　　　　　　　　　　　　4300172130
　　　　　　　　　　　　　　　　　　　　　　　　　　　　00065854

开票日期：2019年9月10日

购货单位	名称	湘丰制造有限公司	密码区	3489—1<9—7—61596214
	纳税人识别号	914313027890222182		8<032/52>9/29533—4971
	地址、电话	娄底市育才路8号，0738-6228779		1626<8—3024>80906—2
	开户行及账号	工商银行娄底支行，1913010109024569896		—48—6<7>2*—/>*>5

货物或应税劳务名称	规格型号	单位	数量	单价	金额	税率	税额
风动电动工具 手提电脑		台	2	7500.00	15000.00	13%	1950.00
合计					¥15000.00		¥1950.00

价税合计（大写）	壹万陆仟玖佰伍拾元整	（小写）¥16950.00

销货单位	名称	娄底明珠电脑有限公司	备注	转账付记
	纳税人识别号	91431302451287932y		
	地址、电话	娄底长青路12号，0738-5587888		
	开户行及账号	建行长青支行，1913010119024568752		

收款人：　　　　复核：　　　　开票人：李伟　　　　销货单位（章）

第三联：发票联 购货方记账凭证

【业务12-3】

固定资产验收单

供货单位：娄底明珠电脑有限公司　　　　　　　　　编号：

发票号码：00973559　　　　　　2019年9月10日

编号	名称	规格	计量单位	数量 应收	数量 实收	实际价格（元）单价	实际价格（元）发票金额	实际价格（元）运杂费用	实际价格（元）合计	备注
	手提电脑		台	2	2	7500.00	15000.00		15000.00	

质量检验记录	制造日期	合格证号	技术条件	质量状况 优良	检查结论 同意入库

采购员：　　　　检验员：　　　　记账员：　　　　使用部门：办公室

【业务 13-1】

中国工商银行
转账支票存根
10204430
000265456

附加信息 _____
_____
_____

出票日期 *2019* 年 *9* 月 *10* 日

| 收款人：湘丰制造有限公司 |
| 金　　额：¥44800.00 |
| 用　　途：发上月工资 |

单位主管　　会计

【业务 13-2】

工资结算汇总表

2019 年 9 月 10 日　　　　　　　　　　　　　　　　　　　单位：元

部　门	基本工资	奖　金	津　贴	应付工资	各种代扣款	实付工资
生产工人						
——男西装	22000.00	1800.00	500.00	24300.00	1000.00	23300.00
——女西装	10200.00	1500.00	800.00	12500.00	800.00	11700.00
车间管理人员	2000.00	900.00	200.00	3100.00	100.00	3000.00
厂部管理人员	4000.00	800.00	300.00	5100.00	700.00	4400.00
销售人员	1800.00	400.00	200.00	2400.00		2400.00
合　计	40000.00	5400.00	2000.00	47400.00	2600.00	44800.00

第二篇 基础会计单项实训

【业务14-1】

中国工商银行
转账支票存根
10204430
000265457

附加信息 _____

出票日期 2019年9月10日

收款人：	娄底华美汽车修理厂
金　额：	¥8190.00
用　途：	修理费

单位主管　　会计

【业务14-2】

湖南增值税专用发票
发票联

4300172130

No 00065854

4300172130
00065854

开票日期：2019年9月10日

购货单位	名　称	湘丰制造有限公司	密码区	3489—1＜9—7—61596214 8＜032/52＞9/29533—4971 1626＜8—3024＞80906—2 —48—6＜7＞2*—/＞*＞5
	纳税人识别号	914313027890222182		
	地址、电话	娄底市育才路8号，0738-6228779		
	开户行及账号	工商银行娄底支行，1913010109024569896		

货物或应税劳务名称	规格型号	单位	数量	单价	金　额	税率	税　额
*劳务*维修费					7000.00	13%	910.00
合　计					¥7000.00		¥910.00

价税合计（大写）	柒仟玖佰壹拾元整	（小写）¥7910.00

销货单位	名　称	娄底华美汽车修理厂	备注	（娄底华美汽车修理厂 914313024512879356 发票专用章）
	纳税人识别号	914313024512879356		
	地址、电话	娄底市月塘路12号，0738-5589999		
	开户行及账号	建行长青支行，1913010119024569546		

收款人：　　　　　复核：　　　　　开票人：朱为　　　　　销货单位（章）

第三联：发票联　购货方记账凭证

第二篇 基础会计单项实训

【业务 15-1】

中国工商银行 进 账 单（收账通知）

年　月　日　　　　　　　　　　　　　　　　　第　号

出票人	全　称		收款人	全　称	
	账　号			账　号	
	开户银行			开户银行	

人民币（大写）		百 十 万 千 百 十 元 角 分

票据种类		票据张数	
票据号码			

款项来源　　　　　　　　　　　　　　复核　　记账

（工商银行娄底支行 2019.09.12 转讫）

此联是银行交收款人的收账通知

【业务 15-2】　　**中国工商银行银行汇票(收款通知)**　　　00448978

账号：010110922599088　　　　　　　　　　第　号

出票日期（大写）	贰零壹玖年零玖月壹拾贰日		代理付款行：中国工商银行德雅支行
			行号：410
收款人：	湘丰制造有限公司	账号：	1913010109024569896
出票金额（大写）	人民币柒万壹仟元整		
实际结算金额（大写）	人民币陆万叁仟捌佰元整		千 百 十 万 千 百 十 元 角 分 ￥　　6 3 8 0 0 0 0
申请人：	长沙南泰销售公司		
出票行：	工行德雅支行		
行　号：410		多余金额	科目（借） 对方科目（贷）
备　注：货款及运费		千 百 十 万 千 百 十 元 角 分	兑付日期 2019年9月12日
凭票付款 出票行签章		￥　　　7 2 0 0 0 0	复核　　　记账

（工商银行娄底支行 2019.09.12 转讫）

此联是出票行交收款行作收款凭证

65

【业务 15-3】

中国工商银行银行汇票(解讫通知)

00448978

账号：010110922599088　　　　　第 号

出票日期（大写）	贰零壹玖年零玖月壹拾贰日	代理付款行：中国工商银行德雅支行 行号：410

收款人：	湘丰制造有限公司	账号：	1913010109024569896

出票金额（大写）　　人民币柒万壹仟元整

实际结算金额（大写）	人民币陆万叁仟捌佰元整	千 百 十 万 千 百 十 元 角 分
		¥ 6 3 8 0 0 0 0

申请人：长沙南泰销售公司

出票行：工行德雅支行

行　号：410 备　注：货款及运费 凭票付款 出票行签章	多余金额 千百十万千百十元角分 ¥ 7 2 0 0 0 0	科目（借）_____ 对方科目（贷）_____ 兑付日期 2019 年 9 月 12 日 复核　　　记账

（工商银行娄底支行 2019.09.12 转讫）

此联代理付款行兑付后随报单寄出票行，由出票行作多余款贷方凭证

【业务 15-4】

湖南增值税专用发票

4300172130

此联不作报销、扣税凭证使用　　No 00069785　00069785

开票日期：2019 年 9 月 12 日

购货单位	名　　称：	长沙南泰销售公司	密码区	2389—1<4—7—615962123 8<032/52>9/29531—4941 1626<8—3024>82906—2 —41—6<7>2*—/>*4
	纳税人识别号：	914311037482418987		
	地址、电话：	德雅路 25 号，0731-2625441		
	开户行及账号：	工行德雅支行，1901011092259908865		

货物或应税劳务名称	规格型号	单位	数量	单价	金　额	税率	税　额
*服装*男西装		件	50	1100.00	55000.00	13%	7150.00
合　计					¥55000.00		¥7150.00

价税合计（大写）　陆万贰仟壹佰伍拾元整　　（小写）¥62150.00

销货单位	名　　称：	湘丰制造有限公司	备注	（湘丰制造有限公司 914313027890222182 发票专用章）
	纳税人识别号：	914313027890222182		
	地址、电话：	娄底市育才路 8 号，0738-6228779		
	开户行及账号：	工商银行娄底支行，1913010109024569896		

收款人：　　　　复核：　　　　开票人：陈姬　　　　销货单位（章）

第一联：记账联　销货方记账凭证

【业务 16-1】

托收凭证（付款依据或收款通知）

受托日期 2019 年 9 月 16 日

业务类型	受托收款（□邮划、□电划）		托收承付（□邮划、□电划）		
付款人	全称	湘丰制造有限公司	收款人	全称	株洲市宏达物资公司
	账号	1913010109024569896		账号	1901010092226860123
	地址	娄底市　开户行　工商银行娄底支行		地址	湖南株洲市　开户行　工行白云路支行

金额	人民币（大写）	壹万叁仟伍佰陆拾元整	亿 千 百 十 万 千 百 十 元 角 分 　　　　　　¥ 1 3 5 6 0 0 0

款项内容	货款	托收凭据名称	发票合同	附寄单证张数	4

商品发运情况	已发运 2019.09.16	合同名称号码	

备注：铁运 2019-3525　　上列款项已收入你方账户
审核：记账　　　　　　收款人开户银行签章
　　　　　　　　　　　　年　月　日

此联付款人开户行凭以汇款或收款人开户行收账通知

【业务 16-2】

湖南增值税专用发票　　　　　　4300172130
　　　　　　　　　　　　　　　　000458239
4300172130　　　　　No　000458239

开票日期：2019 年 9 月 16 日

购货单位	名　称：	湘丰制造有限公司	密码区	2149—1＜4—7—61596174 8＜030/52＞9/29533—4989 1626＜8—3024＞82910—1 —47—6＜7＞2*—/*＞8
	纳税人识别号：	914313027890222182		
	地址、电话：	娄底市育才路 8 号，0738-6228779		
	开户行及账号：	工商银行娄底支行，1913010109024569896		

货物或应税劳务名称	规格型号	单位	数量	单价	金　额	税率	税　额
*化学纤维*涤纶		米	400	30.00	12000.00	13%	1560.00
合　计					¥12000.00		¥1560.00

价税合计（大写）	壹万叁仟伍佰陆拾元整	（小写）¥13560.00

销货单位	名　称：	株洲市宏达物资供应公司	备注	株洲市宏达物资供应公司 914311037482435867 发票专用章
	纳税人识别号：	914311037482435678		
	地址、电话：	白云路 14 号，0733-5578963		
	开户行及账号：	工商银行株洲市白云路支行，1901010092226860123		

收款人：　　　复核：　　　开票人：李红　　　销货单位（章）

【业务16-3】

收 料 单

材料科目：**材料**　　　　　　　　　　　　　　　　编　　号：1203
材料类别：**原料及主要材料**　　　　　　　　　　　收料仓库：**1号仓库**
供应单位：　　　　　　　　　　　　　　　　　　　发票号码：00045829
填制日期：*2019*年*9*月*16*日

材料编号	材料名称	规格	计量单位	数量		实际价格（元）			
				应收	实收	单价	发票金额	运费	合计
	甲材料		米	400	400	30.00	12000.00		12000.00
备注									

采购员：　　　　检验员：　　　　记账员：　　　　保管员：**刘鸣**

【业务17-1】

差旅费报销单

单位名称：　　　　　　填报日期：*2019*年*9*月*17*日　　　　　　　　　　单位：元

姓名	周清		职级		出差事由	开会	出差时间		计划期 4 天	备注
									实际 4 天	
日期		起 止 地 点		飞机、车、船票		其 他 费 用				
月	日	起	止	类别	金额	项目	标准	计算天数	核报金额	
9	10	娄底	深圳	火车	200.00	住宿费	包干报销	70.00	4	280.00
9	13	深圳	娄底	火车	200.00		限额报销			
						伙食补助费				
						车、船补助费				
						其 他 杂 支				
小 计					400.00	小 计			280.00	
总计金额（大写）		陆佰捌拾元整				预支 1000.00 核销 680.00 退 320.00				

主管：**王洁**　　　　部门：　　　　审核：**朱红**　　　　填报人：**周清**

71

【业务 17-2】

收　　据

2019 年 9 月 16 日　　　　　　　第　　　号

今收到										
人民币（大写）：叁佰贰拾元整			十万	千	百	十	元	角	分
				￥	3	2	0	0	0
事由：周清退回差旅费余款		现金							
		支票		号					
收款单位	财务负责人	收款人							

（现金收讫）

【业务 18-1】

中国工商银行 凭证

日期：2019 年 09 月 18 日　　　　回单编号：152400001

付款人户名：湘丰制造有限公司　　　付款人开户行：中国工商银行娄底支行
付款人账号：1913010109024569896
收款人户名：娄底市城区电力局　　　收款人开户行：中国建设银行月塘支行
收款人账号：431257861466389
金额合计（大写）：人民币伍万柒仟叁佰贰拾壹元伍角壹分　　小写：RMB 57,321.51
业务（产品）种类：转账　　凭证种类：0000000　　凭证号码：000000000000
摘要：电费　　用途：支付电费　　币种：人民币
交易机构：106500100180　　记账柜员：00156　　交易代码：52139　　渠道：网上银行

附言：
支付交易序号：56123078　报文种类：小额客户发起普通贷记业务，委托日期：2019-09-18
业务类型（种类）普通汇兑　指令编号：HQP1070013780　提交人：0920101905200002　c.100
最终授权人：

（中国工商银行娄底支行 自助回单专用（001））

本回单为第 1 次打印，注意重复　打印日期：2019 年 09 月 18 日　打印柜员：9　验证码：249F6AERFB001

【业务 18-2】

湖南增值税专用发票

发票联 № 00017812

4300172130
00017812

开票日期：2019 年 9 月 18 日

购货单位	名　　称：	湘丰制造有限公司	密码区	2484－1＜9－7－61596236 8＜032/52＞9/29545－4989 1626＜8－3024＞82906－4 －17－6＜7＞2*－/＞*＞2/
	纳税人识别号：	914313027890222182		
	地　址、电　话：	娄底市育才路 8 号，0738-6228779		
	开户行及账号：	工商银行娄底支行，1913010109024569896		

货物或应税劳务名称	规格型号	单位度	数量	单价	金额	税率	税额
*供电*电			33818	1.50	50727.00	13%	6594.51
合　计					¥50727.00		¥6594.51

价税合计（大写）	伍万柒仟叁佰贰拾壹元伍角壹分	（小写）¥57321.51

销货单位	名　　称：	娄底市城区电力局	备注	
	纳税人识别号：	914313025435547857		
	地　址、电　话：	贤童街 87 号，0738-8238648		
	开户行及账号：	娄底市建设银行月塘支行，431257861466389		

收款人：　　　复核：　　　开票人：李立　　　销货单位（章）

【业务 18-3】

电费分配表

年　月　日

部　　门	分配标准（度）	分配率	分配金额
生产车间			
——男西装	12000		
——女西装	8000		
车间管理部门	10618		
行政管理部门	3200		
合　计	33818		

会计主管：　　　记账：　　　制表：

第二篇　基础会计单项实训

【业务 19-1】

湖南通用机打发票
娄底市天红百货有限公司
发票联

发票代码 143001631830

发票号码 27429866

开票日期：2019 年 9 月 18 日　　行业分类：货物销售

付款方名称	湘丰制造有限公司	地址及电话		税号登记证号	914313027890222182
品名或项目	规格或说明	单位	数量	单价	金额
钢笔		支	5	14.00	70.00
圆珠笔		支	25	6.00	150.00
笔记本		个	20	4.00	80.00
人民币（大写）	叁佰元整				
销货单位	914313005786411111y	税号登记证号	914313005786411111y		

第二联：发票联　购货方记账凭证

开票人：张立　　收款人：陈浩

【业务 19-2】

现金付讫凭证单

2019 年 9 月 18 日　　　　　　第　　号

付款事由	购办公用品
金额（大写）：	叁佰元整
备注：	直接交付车间做劳保用品使用

现金付讫

会计主管：　　　　复核：　　　　出纳：刘晨

【业务 20】

发料凭证汇总表

2019 年 9 月 18 日　　　　　　单位：吨，元

领料部门及用途		棉布			涤纶			合计
		数量	单价	金额	数量	单价	金额	
基本生产	男西装				160	30.5	4880.00	
	女西装				52	30.5	1586.00	
车间耗用		8	63.4	507.20				
管理部门		3	63.4	190.20				
销售部门		1.5	63.4	95.10				
合　　计				792.50			6466.00	

会计主管：　　记账：　　保管：　　制表：

77

【业务 21】

借 支 单

2019 年 9 月 18 日　　　　　　　　　　　　　　　　　　　单位：元

姓　　　名	张为	工 作 部 门		职　务	业务经理
借 款 原 因	去深圳开会	领导审批		同意　　朱一凡
借支金额（大写）	colspan="3"	人民币壹仟伍佰元整		￥1500.00
备　　　注		现金付讫

【业务 22-1】

中国工商银行　进　账　单

2019 年 9 月 23 日　　　　　　　　　　　　　　　　第 01221475 号

出票人	全　称	娄底市向阳物资有限公司	收款人	全　称	湘丰制造有限公司
	账　号	19130101090238679 26		账　号	19130101090245698 96
	开户银行	工商银行广场办事处		开户银行	工商银行娄底支行

人民币（大写）	壹万叁仟零捌拾元整	千	百	十	万	千	百	十	元	角	分
				￥	1	3	0	8	0	0	0

票据种类	转账支票	票据张数	1
票据号码			
款项来源	租金		开户银行盖章

工商银行娄底支行
2019.09.23
转讫

【业务 22-2】

湖南增值税专用发票

4300172130

No 00069783

此联不作报销、扣税凭证使用　　开票日期：2018 年 9 月 23 日

购货单位	名　称：	娄底市向阳物资有限公司	密码区	2488—1＜8—7—61596245 8＜032/52＞9/29533—4944 1621＜8—3021＞82906—2 —47—6＜7＞2*—/＞*＞1
	纳税人识别号：	91431302789322146		
	地址、电话：	娄底市新星南路 56 号，0738-8366666		
	开户行及账号：	工商银行广场办事处，1913010109023867926		

货物或应税劳务名称	规格型号	单位	数量	单价	金额	税率	税额
不动产经营租赁服务 (系 2016 年 5 月 1 日以后建造)					12000.00	9%	1080.00
合计					¥12000.00		¥1080.00

价税合计（大写）　壹万叁仟零捌拾元整　　（小写）¥13080.00

销货单位	名　称：	湘丰制造有限公司	备注	娄底育才路 湘丰制造有限公司 91431302789022182 发票专用章
	纳税人识别号：	914313027890222182		
	地址、电话：	娄底市育才路 8 号，0738-6228779		
	开户行及账号：	工商银行娄底支行，1913010109024569896		

收款人：　　　复核：　　　开票人：陈姬　　　销货单位（章）

【业务 23-1】

中国工商银行
转账支票存根
10204430
000265463

附加信息

出票日期 2019 年 9 月 23 日

收款人：	娄底星宇广告公司
金　额：	¥8480.00
用　途：	广告费

单位主管　　会计

【业务 23-2】

湖南增值税专用发票

4300172370　　　　　发票联　　　　　No 00065854　　4300172370
　　　　　　　　　　　　　　　　　　　　　　　　　　　00065854

开票日期：2019 年 9 月 23 日

购货单位	名　称	湘丰制造有限公司	密码区	3489—1<9—7—61596214 8<032/52>9/29533—4971 1626<8—3024>80906—2 —48—6<7>2*—/>*>5
	纳税人识别号	914313027890222182		
	地址、电话	娄底市育才路8号，0738-6228779		
	开户行及账号	工商银行娄底支行，1913010109024569896		

货物或应税劳务名称	规格型号	单位	数量	单价	金　额	税率	税　额
广告服务					8000.00	6%	480.00
合　计					¥8000.00		¥480.00

价税合计（大写）	捌仟肆佰捌拾元整	（小写）¥8480.00

销货单位	名　称	娄底星宇广告公司	备注	信汇
	纳税人识别号	914313024512879637		
	地址、电话	娄底长青路22号，0738-5587777		
	开户行及账号	建行长青支行，1913010119024569623		

收款人：　　　　　复核：　　　　　开票人：朱梓　　　　　销货单位（章）

（娄底星宇广告公司 914313024512879637 发票专用章）

【业务 24】

领　料　单

领料部门：销售部
领料用途：包装产品　　　2019年9月23日　　　金额单位：元　　　第　号

编号	品　名	规格	单位	请领数量	实发数量	单价	金　额	备注
	塑料桶		只	300	300	10.00	3000.00	
附件：　　张					合　计		¥3000.00	

会计：　　记账：　　发料：　　领料：　　制单：

【业务 25-1】

湖南增值税专用发票

此联不作报销、扣税凭证使用　　No 00069786

43000172130

4300172130
000669786

开票日期：2019 年 9 月 23 日

购货单位	名称	长沙南泰销售公司	密码区	2429—1＜9—7—615962456 8＜032/52＞9/29533—4974 1626＜8—3024＞82906—2 —47—6＜7＞2*—/＞*＞1
	纳税人识别号	431103748241898		
	地址、电话	德雅路 25 号，0731-2625441		
	开户行及账号	工商银行德雅支行，1901011092259908863		

货物或应税劳务名称	规格型号	单位	数量	单价	金额	税率	税额
*服装*女西装		件	150	500.00	75000.00	13%	9750.00
合　计					¥75000.00		¥9750.00

价税合计（大写）	捌万肆仟柒佰伍拾元整	（小写）¥84750.00

销货单位	名称	湘丰制造有限公司	备注	湘丰制造有限公司 914313027890222182 发票专用章
	纳税人识别号	914313027890222182		
	地址、电话	娄底市育才路 8 号，0738-6228779		
	开户行及账号	工商银行娄底支行，1913010109024569896		

收款人：　　　复核：　　　开票人：陈姬　　　销货单位（章）

第一联：记账联　销货方记账凭证

【业务 25-2】

中国工商银行
转账支票存根
10204430
000265464

附加信息

出票日期 2019 年 9 月 23 日

收款人：	娄底湘运公司
金　额：	¥480.00
用　途：	代垫运费

单位主管　　　会计

【业务25-3】

代垫费用清单（存根）

2019年9月23日 No. 0003

单位名称	长沙南泰销售公司		附送单据	1张
费用项目	运费	金　额（大写）：肆佰捌拾元整		（小写）¥ 480.00
备　注				

【业务25-4】

托收凭证（受理回单）

受托日期 2019年9月23日

业务类型		受托收款（□邮划、□电划）			托收承付 （□邮划、□电划）	
付款人	全称		收款人	全称		
	账号			账号		
	地址	开户行		地址	开户行	
金额	人民币（大写）		亿千百十万千百十元角分			
款项内容	货款	托收凭据名称	发票合同	附寄单证张数	4	
商品发运情况			合同名称号码			
备注：铁运2017-3525		款项收妥日期				
审核：记账			年　月　日		年　月　日	

此联作收款人开户银行给收款人的受理回单

（印章：工商银行娄底支行 2019.09.23 转讫）

【业务26】

固定资产折旧计算汇总表

2019年9月24日

部　　门	月折旧额（元）
生产车间	7800.00
行政管理部门	5040.00
合　　计	12840.00

【业务 27】

工资结算分配表

2019 年 9 月 24 日 单位：元

部　　门	基本工资	奖　金	津　贴	应付工资
生产工人				
——男西装	22000.00	1800.00	500.00	24300.00
——女西装	10200.00	1500.00	800.00	12500.00
车间管理人员	2000.00	900.00	200.00	3100.00
厂部管理人员	4000.00	800.00	300.00	5100.00
销售人员	1800.00	400.00	200.00	2400.00
合　　计	40000.00	5400.00	2000.00	47400.00

【业务 28】

职工教育经费、工会经费计提表

2019 年 9 月 24 日 单位：元

部　　门	应付工资	职工教育经费 计提比例（%）	职工教育经费 计提金额	工会经费 计提比例（%）	工会经费 计提金额	合　计
生产工人						
——男西装	24300.00	1.5		2		
——女西装	12500.00	1.5		2		
车间管理人员	3100.00	1.5		2		
厂部管理人员	5100.00	1.5		2		
销售人员	2400.00	1.5		2		
合　　计	47400.00					

【业务 29-1】

湖南增值税专用发票

4300172130

No 000358245

4300172130
002358245

开票日期：2019 年 9 月 25 日

购货单位	名　　称：	湘丰制造有限公司	密码区	2481—1＜1—8—61594521 8＜032/52＞9/29533—4974 1626＜8—3024＞82906—2 —44—6＜7＞2*—/＞*＞3
	纳税人识别号：	914313027890222182		
	地址、电话：	娄底市育才路8号，0738-6228779		
	开户行及账号：	工商银行娄底支行，1913010109024569896		

货物或应税劳务名称	规格型号	单位	数量	单价	金　额	税率	税　额
*纺织部*棉布		米	114	63.4	7227.60	13%	939.59
合　计					¥7227.60		¥939.59

价税合计（大写）	捌仟壹佰陆拾柒元壹角玖分	（小写）¥8167.19

销货单位	名　　称：	株洲市宏达物资供应公司	备注
	纳税人识别号：	914311037482435676	
	地址、电话：	白云路14号，0733-5578963	
	开户行及账号：	工商银行株洲市白云路支行，19010110092268601 23	

收款人：　　　复核：　　　开票人：张梅　　　销货单位（章）

第三联：发票联　购货方记账凭证

【业务 29-2】

收　料　单

材料科目：材料　　　　　　　　　　　　　　编　号：1210
材料类别：原料及主要材料　　　　　　　　　收料仓库：1号仓库
供应单位：　　　　　　　　　　　　　　　　发票号码：000358245

填制日期：2019年9月25日

材料编号	材料名称	规格	计量单位	数量		实际价格（元）			
				应收	实收	单价	发票金额	运费	合计
	棉布		米	114	114	63.4	7227.60		7227.60
备注									

采购员：　　　检验员：杨威　　　记账员：张扬　　　保管员：孙波

【业务30-1】

中国工商银行

凭证

业务回单（付款）

日期：2019 年 09 月 26 日　　　　　回单编号：153400001

付款人户名：湘丰制造有限公司　　　　付款人开户行：中国工商银行娄底支行
付款人账号：1913010109024569896
收款人户名：娄底市自来水公司　　　　收款人开户行：中国建设银行娄底支行
收款人账号：4301052454678616389
金额合计（大写）：人民币贰仟壹佰贰拾伍元伍角整　　　小写：RMB2,125.50
业务（产品）种类：转账　　　　凭证种类：0000000　　　凭证号码：000000000000
摘要：水费　　　　　　用途：支付水费　　　　　　币种：人民币
交易机构：106500100180　　记账柜员：00156　　交易代码：52139　　渠道：网上银行

附言：
支付交易序号：56123078　报文种类：小额客户发起普通贷记业务，委托日期：2019-09-26
业务类型（种类）普通汇兑　指令编号：HQP1070013780　提交人：0920101905200002　c.2901
最终授权人：

（中国工商银行娄底支行 自助回单专用（001））

本回单为第1次打印，注意重复　　打印日期：2019 年 09 月 26 日　　打印柜员：9　验证码：249F6AERFB001

【业务30-2】

湖南增值税专用发票

发票联

4300172130
00017688

4300172130　　　　　　　　　　　　　　　　　　　No　00017688

开票日期：2019 年 9 月 26 日

购货单位	名　称	湘丰制造有限公司	密码区	2489－1＜9－7－61596284 8＜032/52＞9/29533－4974 1626＜8－3024＞82906－2 －47－6＜7＞2＊－/＞＊＞6/		
	纳税人识别号	914313027890222182			
	地址、电话	娄底市育才路8号，0738-6228779			
	开户行及账号	工商银行娄底支行，191301010902456989			
货物或应税劳务名称	规格型号	单位	数量	单价	金　额	税率	税　额
*水冰雪*水		吨	500	3.90	1950.00	9%	175.00
合　计					¥1950.00		¥175.00
价税合计（大写）	贰仟壹佰贰拾伍元伍角整					（小写）¥2125.50	
销货单位	名　称	娄底市自来水公司	备注			
	纳税人识别号	914302355435548957				
	地址、电话	娄底市建设路87号，0738-5238648				
	开户行及账号	建设银行娄底支行，4301052454678616389				

收款人：　　　复核：　　　开票人：王进　　　销货单位：（章）

(娄底市自来水公司 914302355435548957 水费结算章)

【业务 30-3】

水费分配表

2019年9月26日　　　　　　　　　　　　　　　　　　　　　　　　　单位：元

部　门	分配标准（吨）	分配率	分配金额
车间管理部门	280		1092.00
行政管理部门	120		468.00
销售部门	100		390.00
合　计	500	3.9	1950.00

会计主管：　　　　　　　记账：　　　　　　制表：张扬

【业务 31-1】

中国工商银行　　**进　账　单**

2019年9月26日　　　　　　　　　　　　　　第 0001589 号

出票人	全　称	娄底市方泰有限公司	收款人	全　称	湘丰制造有限公司
	账　号	1913010109045762145		账　号	1913010109024569896
	开户银行	工商银行娄底支行		开户银行	工商银行娄底支行

人民币（大写）	壹万壹仟叁佰元整	千	百	十	万	千	百	十	元	角	分
				¥	1	1	3	0	0	0	0

票据种类	转账支票	票据张数	1
票据号码			
款项来源	货款		

工商银行娄底支行
2019.09.26
转讫
开户银行盖章

【业务 31-2】

湖南增值税专用发票

4300172130

No 00069787

4300172130
0069787

开票日期：2019 年 9 月 27 日

购货单位	名　　称	娄底市方泰有限公司	密码区	2489—1<9—7—61596284 8<032/52>9/29533—4974 1626<8—3024>82906—2 —47—6<7>2*—/>*>6		
	纳税人识别号	914313024512148506			
	地址、电话	娄底市育才路			
	开户行及账号	工商银行娄底支行，1913010109045762145			

货物或应税劳务名称	规格型号	单位	数量	单价	金　额	税率	税　额
*纺织部*棉布		米	125	80.00	10000.00	13%	1300.00
合　计					¥10000.00		¥1300.00

价税合计（大写）	壹万壹仟叁佰元整	（小写）¥11300.00		
销货单位	名　　称	湘丰制造有限公司	备注	
	纳税人识别号	914313027890222182		
	地址、电话	娄底市育才路8号，0738-6228779		
	开户行及账号	工商银行娄底支行，1913010109024569896		

收款人：　　复核：　　开票人：陈姬　　销货单位（章）

第一联：记账联　销货方记账凭证

【业务 32】

存货盘点盈亏报告单

2019年9月28日

仓库：二仓库　　　　　　　　　　　　　　单位：元

存货编号	存货名称	计量单位	数量		单价	盘盈		盘亏		盘盈、盘亏原因及处理意见
			账存	实存		数量	金额	数量	金额	
	包装袋	千克	8520	8000	0.50			520	260.00	保管员过失造成，由其赔偿200元

会计主管：　　　　　记账：　　　　　制表：

【业务33】

产品销售成本计算表

2019年9月30日　　　　　　　　　　　　　　　　　　　　　单位：元

产品名称	计量单位	销售数量	单位产品成本	销售成本
棉布	米	125	63.4	7925.00
合　计		125	63.4	7925.00

会计主管：　　　　　记账：　　　　　制表：张扬

【业务34】

制造费用分配表

2019年9月30日　　　　　　　　　　　　　　　　　　　　　单位：元

分配对象	分配标准（工资）	分配率	分配金额
男西装	24300.00		20176
女西装	12500.00		10378.7
合　计	36800.00		30554.7

会计主管：　　　　　记账：　　　　　制表：

【业务35】

完工产品成本计算单

2019年9月30日　　　　　　　　　　　　　　　　　　　　　单位：元

成本项目	男西装（103件）总成本	单位成本	女西装（140件）总成本	单位成本
直接材料	47289		30910	
直接人工	25150.5		12937.5	
制造费用	20176		10378.7	
合　计	92615.5	899.18	54226.2	387.33

会计主管：　　　　　记账：　　　　　制表：

【业务 36】

产品销售成本计算表

2019 年 9 月 30 日 　　　　　　　　　　　　　　　　　　　　　　　　　　　　单位：元

产品名称	计量单位	销售数量	单位产品成本	销售成本
男西装	件	125		112450
女西装	件	176		67444.41
合　计				

会计主管：　　　　　　　记账：　　　　　　　制表：

【业务 37】　结转未开增值税

【业务 38】

附加税计提表

2019 年 09 月 30 日 　　　　　　　　　　　　　　　　　　　　　　　　　　　　单位：元

序号	项目	计提基数	税率	金额
1	城市维护建设税	6843	7%	479.01
2	教育费附加	6843	3%	205.29
3	地方教育费附加	6843	2%	136.86
合计				821.16

【业务39】

损益类账户发生额汇总表

2019年 9月 30日　　　　　　　　　　　　　　　　　　　　单位：元

项　　目	金　　额
主营业务收入	
其他业务收入	
主营业务成本	
税金及附加	
其他业务成本	
管理费用	
销售费用	
财务费用	

任务要求

1．分析经济业务的性质与内容。
2．以"制单会计"的身份逐笔编制专用记账凭证。
3．以"会计主管"的身份对已编制的专用记账凭证进行审核。
4．传递专用记账凭证。

任务二　填制与审核通用记账凭证

任务描述

通用记账凭证是用来反映所有经济业务的记账凭证。通用记账凭证可以分为单式或复式记账凭证和单一记账凭证、汇总记账凭证和科目汇总表。本任务要求学生掌握通用记账凭证的填制方法与审核技术。

任务指导

通用记账凭证的格式与转账凭证的格式相同，其编制方法也相同。企业发生的经济业务都编制这种凭证。为了便于记账分工，也可以将收款业务、付款业务和转账业务所编制的通用记账凭证在凭证编号中分类编号，即先按编制通用记账凭证的时间顺序编一个总号，然后按通用记账凭证所记录的经济业务分别编"收字""付字""转字"编号。这样既能了解当月所填的凭证总数，又能将记录收款、付款、转账凭证业务的凭证加以区分。通用记账凭证的审核内容与方法和专用记账凭证的审核内容与方法相同。

任务资料

见本项目任务一的任务资料。

任务要求

1. 分析经济业务的性质与内容。
2. 以"制单会计"的身份逐笔编制通用记账凭证。
3. 以"会计主管"的身份对已编制的通用记账凭证进行审核。
4. 传递通用记账凭证。

项目五　账簿登记实训

实训综述

会计账簿是以会计凭证为依据，由具有专门格式又相互联系的账页组成，用来连续、系统、全面地记录和反映各项经济业务的簿籍。设置和登记会计账簿是会计核算的方法之一。设置账簿既要有严密性和完整性，又要有适用性和可操作性，因此账簿设置既要避免重复烦琐，又要防止过于简化。一般常用的账簿有日记账、总分类账、明细分类账及其他辅助性账簿。通过本项目实训，使学生能按照《会计基础工作规范》的要求和单位的具体情况开设账簿，掌握建账、记账、对账、结账、更正错账的基本技能。

实训指导

（1）记账必须用蓝、黑色墨水钢笔书写，不许用铅笔和圆珠笔书写。

（2）记账除结账、改错、冲销账簿记录外，不能用红色墨水钢笔书写。

（3）更正错账要按规定的方法更正，严禁刮擦、挖补、涂改或用涂改液消除字迹。

（4）记账时应按账户页次顺序逐页进行登记，不得跳行、隔页。如果发生跳行、隔页，则应在空行、空页处用红色墨水钢笔画线注销，在"摘要"栏内注明"此行空白"或"此页空白"字样，并由注销人签章。

（5）各账户在一张账页记满时，要在该账页的最末一行加计发生额合计数和结出余额，并在该行"摘要"栏内注明"过次页"字样；然后再把这个发生额合计数和余额填到下一页的第一行内，并在"摘要"栏内注明"承前页"字样，以保证账簿记录的连续性。

（6）记账后，要在记账凭证上画"√"，表示已经登记入账，避免重记、漏记。

（7）期末有余额的账户，应在账簿的"借或贷"栏内写明"借"或"贷"字样；没有余额的账户，应在"借或贷"栏内写"平"字，并在"余额"栏的"元"位上用"0"表示。

（8）记账时，书写文字和数码字要符合规范，数码字要紧压下线书写，倾斜45°，一般占空格宽度的1/2为宜。

任务一　建账

任务描述

建账就是根据主体企业具体行业要求和将来可能发生的会计业务情况，按照《企业会计准则》设置会计科目，购置并开设总分类账、明细分类账、日记账，并根据账簿的启用要求，填写扉页的内容，进行期初资料的登记。本任务要求学生掌握企业建账的方法和技能。

任务指导

1. 填写账簿启用表与账簿经管人员一览表

在账本第一页，印有账簿启用表和经管人员一览表。账簿启用时需填写单位名称、账簿名称及编号、启用日期、经管人姓名，订本账（总分类账簿及序时账簿）还需填写总页数及起止页码。经管人员一览表应在经管人员交接或账簿更换之前填写。实训时，这一程序不可略去。

2. 开设账户

会计主体共设几本账簿、每本账簿中开设哪些账户因其会计人员数量、人员分工情况、经济业务的特点、企业经营管理需要不同而不同，没有固定的模式。在此套实训中，开设总账、明细账、现金日记账、银行存款日记账，待会计科目设置后，即可开设账户。

在账簿的第一页账页的上方填写该本账第一个账户名称及其他有关栏目（一级科目、二级科目或明细科目、计量单位、仓储地点、生产车间等，不同格式的账页所需填写的内容不完全相同），在该账页第一行日期栏中登记建账日期或期初日期，在"摘要"栏中写"上年结转"或"月初余额"字样，将账户余额抄录至账页第一行"余额"栏中（金额、余额方向均应抄录），第一个账户就开设完毕了。第二个账户从哪一页开始开设，取决于会计核算形式及预计前一个账户发生业务数量的多少等，应预留可以将预期业务全部记录完毕的相应数量的账页，这样既不会出现预期会计期间内业务记录不完整，也不会出现太多空页，造成浪费现象。活页账和卡片账均可以随时插入或撤出账页，不需要考虑预留账页问题。接下来，再开设第二个账户、第三个账户……

3. 粘贴口取纸

粘贴口取纸并非必需，但它可以帮助会计人员迅速找到某一账户在账簿中的位置。口取纸通常分红、蓝两种颜色，会计人员根据习惯赋予其一定的意义。例如：红色表示资产类、成本类账户，蓝色表示负债类及所有者权益类账户；红色表示收入类账户，蓝色表示费用、损失类账户；红色表示一级账户，蓝色表示二级账户；等等。当然，也可以只使用一种颜色的口取纸，甚至不使用。使用口取纸应注意粘贴方法：首先将会计科目名称用蓝、黑色墨水钢笔写在口取纸上，等墨迹干了之后，将它揭下，粘贴至该账户的第一张账页右侧；每张口取纸所粘贴的位置不同，有的靠上，有的靠下，从上到下，使其形成规则的锯齿形为最佳，这样既整洁美观，又一目了然，便于查找。口取纸虽有查找的作用，但它不能取代账页上方的账户名称，否则，口取纸一旦掉落，会给查找账户工作带来不便。

4. 填写目录或账皮

通常，总账需填写目录，明细账需在账皮卡片上填写账簿中所开设账户的名称，其目的都是为了使用方便。

建账工作可按上面所介绍的顺序进行，也可依习惯进行。

任务资料

湘丰制造有限公司 2019 年 8 月 31 日部分账户余额见表 5-1 至表 5-4。

表 5-1 2019 年 8 月 31 日各账户余额表

单位：元

账户名称		借方余额		贷方余额	
总账	明细账	总账	明细账	总账	明细账
库存现金		3916.00			
银行存款		493000.00			
其他货币资金		12500.00			
交易性金融资产		100000.00			
应收账款		59700.00			
应收账款	娄底市八一材料厂		25000.00		
应收账款	向阳物资有限公司		34700.00		
预付账款		15200.00			
其他应收款		1800.00			
其他应收款	王平		800.00		
其他应收款	周清		1000.00		
坏账准备				2985.00	
原材料		323884.00			
原材料	涤纶		244000.00		
原材料	棉布		79884.00		
周转材料		31500.00			
库存商品		212400.00			
库存商品	甲西装		144000.00		
库存商品	女西装		68400.00		
持有至到期投资		300000.00			
固定资产		2530000.00			
累计折旧				585000.00	
短期借款				80000.00	
应付账款				100000.00	
应付账款	光明物资供应公司				54000.00
应付账款	湘潭新华材料厂				46000.00
预收账款				14500.00	
应付职工薪酬				51200.00	
应交税费				67300.00	

续表

账户名称		借方余额		贷方余额	
总账	明细账	总账	明细账	总账	明细账
应交税费	应交增值税				40000.00
应交税费	城市维护建设税				2800.00
应交税费	应交所得税				22500.00
应交税费	教育费附加				1200.00
应交税费	地方教育费附加				800.00
其他应付款				530.00	
其他应付款	工会				530.00
应付利息				950.00	
长期借款				600000.00	
实收资本				1597200.00	
资本公积				396900.00	
盈余公积				321780.00	
盈余公积	法定盈余公积				321780.00
利润分配				40483.00	
本年利润				225072.00	
合计		4083900.00		4083900.00	

表 5-2 原材料明细账期末余额资料

明细账户	数量（米）	单价（元）	余额（元）
涤纶	800	30.5	244000.00
棉布	1260	63.4	79884.00

表 5-3 库存商品明细账期末余额资料

明细账户	数量（件）	单价（元）	余额（元）
男西装	160	900.00	144000.00
女西装	180	380.00	68400.00

表 5-4 各损益类账户发生额（未结转利润前）

单位：元

账户名称	1~8月累计发生额	
	借方累计发生额	贷方累计发生额
主营业务收入		977842.00
其他业务收入		38200.00
投资收益		101600.00
营业外收入		34000.00
主营业务成本	585000.00	

续表

账户名称	1~8月累计发生额	
	借方累计发生额	贷方累计发生额
税金及附加	38600.00	
其他业务成本	19200.00	
销售费用	42150.00	
管理费用	106000.00	
财务费用	48200.00	
营业外支出	5000.00	
所得税费用	82420.00	

任务要求

1. 以"记账会计"的身份，根据表5-1至表5-4的资料开设账户，建立总账、明细账、日记账。
2. 填写账簿启用表和经管人员一览表。
3. 粘贴口取纸。
4. 填写目录或账皮。
5. 登记期初余额。

任务二　登记日记账

任务描述

日记账包括现金日记账和银行存款日记账，是出纳员用以记录和反映货币资金收支业务的账簿。本任务要求学生能根据相关的凭证逐笔顺序登记现金日记账和银行存款日记账，并能日清月结。

任务指导

日记账主要有现金日记账和银行存款日记账两种。现金日记账是由出纳人员根据审核无误的现金收款凭证和付款凭证，逐日、逐笔、序时登记的账簿。任何一个单位，只要有库存现金的收、付业务，就必须设置现金日记账。现金日记账按库存现金币种设置，采用订本式账簿，账页一般是三栏式，也可用多栏式。银行存款日记账是由出纳人员根据审核无误的银行存款收、付款凭证，逐日、逐笔、序时登记的账簿。凡是在银行开设账户、办理结算业务的单位，都应设置银行存款日记账。银行存款日记账按不同开户银行和存款币种设置，采用订本式账簿，账页格式一般采用三栏式，也可采用多栏式。

（一）现金日记账登记指导

必须根据审核无误的现金收、付款凭证登记。对于从银行提取现金的经济业务，根据银行存款付款凭证登记。

（1）日期栏：与记账凭证日期一致，且记账凭证日期要与现金实际收付日期一致。

(2)凭证字号栏：根据记账凭证种类及编号登记。
(3)"摘要"栏：简要说明入账经济业务的内容。
(4)"对方科目"栏：指与现金对应的会计科目。
(5)收入栏：根据现金收款凭证登记；从银行提现的业务，根据银行存款付款凭证登记。
(6)支出栏：根据现金付款凭证登记。

登记现金日记账要做到日清日结，每天结出当日收入和支出发生额合计（当日只有一笔业务可以不结），并结出余额，且与库存现金核对相符。

（二）银行存款日记账登记指导

必须根据审核无误的银行存款收、付款凭证登记。对于将现金存入银行的业务，根据现金付款凭证登记。

银行存款日记账的登记方法与现金日记账的登记方法基本相同，但账页中增加了"结算凭证种类与号数"栏，用以登记使银行存款增加或减少的结算方式，以便会计人员日后同银行对账单核对。

■ 任务资料

见项目四任务一编制的专用记账凭证和任务二编制的通用记账凭证资料。

■ 任务要求

以"出纳"的身份，根据项目四任务一编制的专用记账凭证和任务二编制的通用记账凭证逐笔登记现金日记账和银行存款日记账。

任务三 登记明细分类账

■ 任务描述

明细分类账简称为明细账，是根据企业会计业务的具体情况、企业自身管理的要求、外界对企业信息的需求来设置的。明细分类账常用的格式有三栏式、多栏式、数量金额式等。本任务要求学生掌握明细分类账的登记方法与技能。

■ 任务指导

三栏式明细账由借方栏、贷方栏、余额栏组成，适用于只需进行金额核算的明细账；数量金额式明细账由收入栏、发出栏、结存栏组成，每栏再分设数量、单价、金额三栏，主要适用于既要进行金额明细核算，又要进行数量明细核算的各种实物存货账户；多栏式明细账在同一账页的借方或贷方分设专栏，主要根据经济业务的特点和经营管理的需要来设置。登记时要根据本单位经济业务的繁简和经营管理上的需求来确定。日常会计人员根据原始凭证、原始凭证汇总表及记账凭证登记各种明细分类账。

■ 任务资料

见项目四任务一编制的专用记账凭证和任务二编制的通用记账凭证及所附的原始凭证资料。

任务要求

以"计账会计"的身份，根据项目四任务一编制的专用记账凭证和任务二编制的通用记账凭证及所附的原始凭证逐笔登记明细分类账。

任务四　登记总分类账

任务描述

总分类账简称为总账，是根据总分类科目开设、用以记录全部经济业务、提供总括核算资料的分类账簿。在总分类账中，应按照会计科目的编号顺序分别开设账户。由于总分类账一般采用订本式账簿，页次固定，不能随时增添或撕掉账页，因而在启用时应根据各科目发生业务的多少适当预留账页。本任务要求学生掌握总分类账的登记方法与技能。

任务指导

总分类账可以直接根据各种记账凭证逐笔登记，也可以把各种记账凭证进行汇总，编制汇总记账凭证或科目汇总表，据以登记。

根据记账凭证逐笔登记总账时，其登记方法与登记日记账、明细分类账的方法相同。根据科目汇总表登记总账时，其总账"年、月、日"栏和"凭证号数"栏，是根据汇总表的编制时间、编号进行登记的，由于是汇总登记，一般"摘要"栏中可填"××号至××号凭证汇总数"；根据科目汇总表金额栏内的金额，登记总账借方或贷方金额，并结出余额，月终，有些账户还要结出本期发生额和累计发生额，作为编制会计报表的主要依据。

任务资料

见项目四任务一编制的专用记账凭证和任务二编制的通用记账凭证资料。

任务要求

以"会计主管"的身份，根据项目四任务一编制的专用记账凭证和任务二编制的通用记账凭证逐笔登记总分类账。

任务五　对账与结账

任务描述

对账是指对账簿和账户记录的相关数据所进行的核对工作，以保证账证相符、账账相符、账实相符、账表相符。结账就是在将一定时期内发生的经济业务全部登记入账的基础上，结算各种账簿的记录数据，包括：结算各种收入、费用账户，据以计算确定本期利润；结算各资产、负债和所有者权益账户，并分别结出本期发生额合计数和期末余额。本任务要求学生掌握对账和结账工作的操作技能。

任务指导

（一）对账

为了保证账簿所提供的会计资料正确、真实、可靠，会计人员在记完账后，还应定期做好对账工作，对账就是核对账目。各单位应当定期将会计账簿记录的有关数字与库存实物、货币资金、有价证券、对方单位或个人信息等资料相互核对，保证账证相符、账账相符、账实相符。对账工作每月至少进行一次，对账的主要内容有账证核对、账账核对、账实核对。

（1）账证核对：将账簿记录与会计凭证核对，这是保证账证相符、账实相符的基础。账证核对工作，是核对会计账簿记录与原始凭证、记账凭证的时间、凭证字号、内容、金额是否一致，记账方向是否相符。

（2）账账核对：核对不同会计账簿之间记录是否相符，包括总账与有关账户的余额核对、总账与明细账核对、总账与日记账核对、会计部门的财产物资明细账与财产物资保管和使用部门的有关明细账核对等。

（3）账实核对：核对会计账簿记录与实有财产数量、金额是否相符，包括现金日记账账面余额与现金实际库存数核对，银行存款日记账账面余额与银行对账单核对，各种财物明细账账面余额与财物实存数核对，各种应收、应付款明细账账面余额与业务往来单位有关债权、债务核对，等。

（二）结账

结账是指将一定时期内发生的全部经济业务登记入账后，结清或结转本期发生额和期末余额，结账应在月末、季末、年末进行。

此外，企业因撤销、合并、分立等原因而办理财务交接时，也需要办理结账。

结账程序及方法如下所述。

1. 结账程序

（1）结账前，检查本期内日常发生的经济业务是否已全部登记入账，若发现漏账、错账，应及时补记更正。

（2）根据权责发生制的要求，调整有关账项，合理确认本期应计的收入和应计的费用。

（3）将损益类科目转入"本年利润"科目，结平所有损益类科目。

（4）账项调整和结账之后，对于需要结计本期发生额的账户需计算出本期发生额，并结算每个账户的期末余额，同时做出相应的结账标记。

2. 结账方法

（1）月结。月份终了时，要进行月末结账。对于不需要结计月份发生额的账户，如固定资产、原材料、应收账款、应付账款、实收资本等账户，只需在最后一笔记录下面画一条通栏单红线即可，以便和下月发生额相区别。对于需要结计月份发生额的账户，应在各账户本月最后一笔业务记录的数字下端画一条通栏单红线，用蓝字结算出本月发生额和月末余额，并在"摘要"栏内填写"本月发生额及余额"或"本月合计"字样；月末如无余额，应在"借或贷"栏内写"平"，在"余额"栏的"元"位上写"0"，然后在下面画一条通栏单红线，以便和下月发生业务相区分。对于需要逐月结算本年累计发生额的账户，在结算本月发生额及月末余额后，应在下一行"摘要"栏内填写"本年累计发生额"或"本年累计"字样，然后在下面画一条通栏单红线。对于本月未发生金额变化的账户，可不进行月结。

（2）季结。季度终了，在最后一个月月结数字的红线下面的一行将本季度三个月的借、贷方月结数加总,用蓝字填入,并在"摘要"栏内填写"本季发生额和季末余额"或"本季累计"字样,同时在季结数字下面画一条通栏单红线。

(3)年结。年终结账时进行年结。在第四季度季结的红线下面一行填列四个季度借、贷方的合计数,并在"摘要"栏内填写"本年发生额及年末余额"或"本年累计"字样,在年结记录下端画通栏平行双红线,表示封账,至此全年的经济业务记录完毕。

年度结账后,应将各有关账户的年末余额结转下年度,归入新的账簿。

(三)账簿启用与更换新账

账簿启用时,应在账簿扉页上设置账簿启用表,详细填写启用表上各项内容。订本式账簿在启用前,从第一页至最后一页顺序编定页数,不得跳页、缺号;活页式账簿所使用的账页,应按账户顺序编号,定期装订成册后,按实际使用账页顺序编定页数和目录,注明每个账户的名称和页次。

年度终了后,应将全部账户的余额结转至下年度新账簿的相应账户中去。结转时,应在上年度账户最后一笔记录的下一行的"摘要"栏中注明"结转下年"字样,并将各账户的年末余额按反方向记入相应账户的发生额栏,将账户余额全部结平。

下年度新开账户的第一行中填写"××××年1月1日","摘要"栏中注明"上年结转"字样;同时将上年结转余额记入本年账户"余额"栏,并标明借、贷方向。

任务要求

以"会计主管"的身份完成以下工作。

1. 根据项目四实训资料检查所有的记账凭证是否全部登记入账,如有漏记要补记登账。
2. 检查每月月末的记账凭证,确认调整和结转的账项是否都已调整和结转完毕。
3. 计算各总分类账户的本月发生额和月末余额,并做出月结和年结的标志。
4. 将本实训项目所登记的日记账、明细账分别与对应的总账进行核对,并填列总分类账户本期发生额及余额核对表(见表5-5)。

表5-5 总分类账户本期发生额及余额核对表

年 月 日   单位:元

会计科目	本期发生额		期末余额		会计科目	本期发生额		期末余额	
	借方	贷方	借方	贷方		借方	贷方	借方	贷方
库存现金					利润分配				
银行存款					实收资本				
应收账款					资本公积				
其他应收款					盈余公积				
材料采购					本年利润				
原材料					生产成本				
周转材料					制造费用				
库存商品					主营业务收入				
长期股权投资					主营业务成本				
固定资产					销售费用				
累计折旧					管理费用				

续表

会计科目	本期发生额		期末余额		会计科目	本期发生额		期末余额	
	借方	贷方	借方	贷方		借方	贷方	借方	贷方
短期借款					财务费用				
应付账款					其他业务收入				
其他应付款					其他业务成本				
应付职工薪酬					营业外收入				
应交税费					营业外支出				
长期借款					所得税费用				
合　计									

任务六　更正错账

任务描述

账簿是重要的会计档案，如果记账发生错误，应视其具体情况，按正确方法更正。错账更正的方法一般有划线更正法、红字更正法、补充登记法三种。

通过本任务，使学生掌握更正错账的方法与技能，具体要做到如下几点。

1. 掌握划线更正法的适用范围与操作技能。
2. 掌握红字更正法的适用范围与操作技能。
3. 掌握补充登记法的适用范围与操作技能。

任务指导

（一）画线更正法

在填制凭证、登记账簿过程中，如果发现文字或数字记错可采用划线更正法进行更正。画线更正时，应在写错的文字或数字上画一条单红线，使原来的错误字迹仍可辨认，然后在画线上方填写正确的记录。如果是文字错误，可只划掉错误部分；但如果是数字错误，应将全部数字划掉，不得只划掉错误数字。例如，将数字 8790 错写为 9790，不能只将 9 划掉改为 8，而应当将 9790 全数划掉更正为 8790。更正后，更正人员应在画线的一端盖章，以示负责。

（二）红字更正法

红字更正法适用于更正因记账凭证填制错误而导致的账簿记录错误。具体来说，又分为以下两种情况。

（1）记账以后，发现记账凭证中会计科目错误，导致账簿记录错误。这时，红字更正法的具体做法是：先用红字填制一张与原错误凭证内容相同的记账凭证，在"摘要"栏中注明"注销×月×日×字号凭证"字样，据以用红字金额登记入账，冲销原有的错误记录；同时，再用蓝字填制一张正确的记账凭证，在"摘要"栏中注明"订正×月×日×字号凭证"字样，据以登记入账，这样就把原来的错账更正过来了。应用红字更正法是为了正确反映错账中的发生额和科目对应关系。

（2）记账以后，发现记账凭证中应借应贷科目正确，但所填金额大于应填金额，导致账簿记录错误。这时，红字更正法的具体做法是：按照正确数字与错误数字之间的差额（即多填金额），用红字填制一张调整后的记账凭证，在"摘要"栏中注明"注销×月×日×字号凭证多记金额"字样，据以用红字金额登记入账，冲销多记金额。

（三）补充登记法

记账以后，发现记账凭证中应借应贷会计科目正确，但所填金额小于应填金额，导致账簿记录错误，应当采用补充登记法。补充登记法的具体做法是：按照正确数字与错误数字之间的差额（即少记金额），用蓝字填制一张调整后的记账凭证，在"摘要"栏中注明"补充×月×日×字号凭证少记金额"字样，据以登记入账，补充少记金额。

任务资料

（一）湘丰制造有限公司2019年11月上旬部分银行存款收支业务的原始凭证及记账凭证

1. 11月5日，以银行存款支付书籍费1 350元。

【业务1-1】

付 款 凭 证

贷方科目：银行存款　　　　2019年 11月 5日　　　　银付字第 1 号

摘　要	借方科目		金　额	记账
	总账科目	明细科目	百十万千百十元角分	
支付书籍费	管理费用		1 3 5 0 0 0	
合　　　计			¥　　1 3 5 0 0 0	

会计主管：　　　　记账：　　　　出纳：　　　　审核：　　　　制单：李小丽

【业务1-2】

湖南通用机打发票
娄底市天红百货有限公司
发票联

发票代码 143001631830
发票号码 27429856

开票日期：2019年 11月 5日　　行业分类：

付款方名称	湘丰制造有限公司	地址及电话		税号登记证号	91431302789022182
品名或项目	规格或说明	单位	数量	单价	金额
社会科学		套	70	5.00	350.00
自然科学		本	10	100.00	1000.00
人民币（大写）	壹仟叁佰伍拾元整				
销货单位				税号登记证号	91431300578641111y

开票人：张立　　收款人：陈浩

【业务 1-3】

```
        中国工商银行
        转账支票存根
        10204430
          000265485

  附加信息 _____
  _____
  _____

  出票日期 2019 年 11 月 5 日
  收款人：娄底市天红百货有
          限公司
  金    额：¥1350.00
  用    途：书籍费

  单位主管        会计
```

2．11 月 6 日，开出转账支票支付汽车日常修理费 3 820 元。

【业务 2-1】

付 款 凭 证

贷方科目：银行存款　　　　2019 年 11 月 6 日　　　　银付字第 2 号

摘要	借方科目		金额									记账
	总账科目	明细科目	百	十	万	千	百	十	元	角	分	
支付修理费	制造费用					3	8	2	0	0	0	附件 2 张
合　　计					¥	3	8	2	0	0	0	

会计主管：　　　　记账：　　　　出纳：　　　　审核：　　　　制单：李小丽

第二篇　基础会计单项实训

【业务 2-2】

湖南增值税专用发票

4300172370
00065854

4300172370

No 00065854

第三联：发票联　购货方记账凭证

开票日期：2019 年 11 月 6 日

购货单位	名　　称：	湘丰制造有限公司			密码区	3489—1<9—7—61596214 8<032/52>9/29533—4971 1626<8—3024>80906—2 —48—6<7>2*—/>*>5		
	纳税人识别号：	914313027890222182						
	地　址、电话：	娄底市育才路 8 号，0738-6228779						
	开户行及账号：	工商银行娄底支行，1913010109024569896						
货物或应税劳务名称	规格型号	单位	数量	单价	金　　额	税率	税　　额
*劳务*修理费					3820.00	13%	496.6
合　计					¥3820.00		¥496.6
价税合计（大写）	肆仟叁佰壹拾陆元陆角整			（小写）¥4316.6			
销货单位	名　　称：	娄底旺得汽车美容有限公司			备注	转支		
	纳税人识别号：	914313024512876547						
	地　址、电话：	娄底湘阳街 37 号，0738-5582222						
	开户行及账号：	建行长青支行，1913010119024563216						

收款人：　　　　复核：　　　　开票人：　　　　销货单位（章）

【业务 2-3】

中国工商银行
转账支票存根
10204430

000265487

附加信息 _____
_____

出票日期 *2019* 年 *11* 月 *6* 日

收款人：	娄底旺得汽车美容有限公司
金　额：	¥4316.6
用　途：	修理费

单位主管　　会计

3．11月7日，开出现金支票提取现金600元。

【业务3-1】

付 款 凭 证

贷方科目：银行存款　　　　　2019年 11月 7日　　　　　　银付字第 3 号

摘　要	借方科目		金　额									记账
	总账科目	明细科目	百	十	万	千	百	十	元	角	分	
从银行提现金备用	库存现金					6	0	0	0	0		
合　　计						¥	6	0	0	0	0	

附件 1 张

会计主管：　　记账：　　出纳：　　审核：　　制单：李小丽

【业务3-2】

中国工商银行
现金支票存根
10204430
000265457

附加信息

出票日期 2019年 11月 7日

收款人：湘丰制造有限公司
金　额：¥600.00
用　途：备用

单位主管　　会计

4．11月10日，用转账支票购买办公用品花费486元。

【业务4-1】

付 款 凭 证

贷方科目：银行存款　　　　　　　2019年 11月 10日　　　　　　　　银付字第 4 号

摘　要	借方科目		金　额									附件1张
	总账科目	明细科目	百	十	万	千	百	十	元	角	分	
支付办公用品费	管理费用	办公费				4	8	6	0	0		
合　　计						¥	4	8	6	0	0	

会计主管：　　　　记账：　　　　出纳：　　　　审核：　　　　制单：李小丽

【业务4-2】

湖南通用机打发票
娄底市天红百货有限公司
发票联

发票代码 143001631830
发票号码 27429856

开票日期：2019年 11月 10日　　　行业分类：

付款方名称	湘丰制造有限公司		地址及电话	税号登记证号	914313027890222182	
品名或项目	规格或说明	单位	数量	单价	金额	
公文包					400.00	
笔					86.00	
人民币（大写）	肆佗捌拾陆元整						
销货单位	914213005786411111y		税号登记证号	91431300578641111y		

开票人：张立　　　收款人：陈浩

【业务4-3】

```
中国工商银行
转账支票存根
10204430
000265457

附加信息

出票日期 2019 年 11 月 10 日
收款人：娄底市天红百货有限公司
金  额：¥486.00
用  途：购办公用品
单位主管    会计
```

（二）湘丰制造有限公司 2019 年 11 月上旬银行存款日记账

银行存款日记账

2018年 月 日	记账凭证 字 号	摘要	对方科目	借方	贷方	√	余额
11 1		期初余额					9 6 8 0 1 7 9
5	付 1	支付书籍费	管理费用		1 3 5 0 0 0		
6	付 2	支付维修费	管理费用		3 2 8 0 0 0		
7	付 3	提取现金	库存现金		6 0 0 0 0 0		
10	付 4	购办公用品	管理费用		4 6 8 0 0		

任务要求

以"会计主管"和"制单会计"的身份完成以下工作。

1. 查找任务资料中的错误之处，并判断错误的性质（是方向错误、金额错误还是科目错误）。
2. 将查找出的错误采用适当的方法更正。
3. 对更正错误后的账户结账。

项目六　财产清查实训

实训综述

财产清查是指财会人员通过盘点实物进行账实核对，对账实不符查明原因并提出处理意见，最后进行账务处理的全过程。通过本项目实训，使学生掌握实物资产清查的方法和对实物资产清查结果的账务处理技能。

实训指导

清查前，做好财务和实物保管等部门的组织准备工作；清查中，能根据财产物资的种类、用途、性能、存放方式，采取不同的清查方法，如实地盘点法、抽样盘点法、核对账单法、查询法等；清查后，做好财产清查的总结工作和账务调整工作。

任务一　实物清查

任务描述

实物清查就是通过对实物的实地盘点来确定财产物资的实存数，并查明账面结存数与实存数是否相符的一种专门方法。本任务要求学生掌握实物清查的方法和对清查结果的账务处理技能。

任务指导

实物清查的方法主要有实地盘点法、技术推算法等。清查完毕后，财会人员要把清查的结果填到盘存单中。将盘存单中的实存数与账面结存数进行核对，对于账实不符的实物要填制账存实存对比表，查明账实差异原因后，提出相应的处理意见，并报告相关领导审批后，财会人员依此进行账务处理。

任务资料

（一）财产清查时发现的账实不符情况

湘丰制造有限公司2019年12月末进行财产清查，发现下列账实不符的情况。
1．发现盘亏BX-1型电动机1台，账面原值20 000元，已提折旧15 000元。
2．甲材料实存200吨，账存201吨，单位成本1 220元。
3．乙材料实存100吨，账存99.5吨，单位成本800元。
4．A产品实存160件，账存162件，单位成本900元。

（二）清查结果的批复处理意见

上述清查结果的批复处理意见如下。

1. 盘亏的 BX-1 型电动机，经批准，作为营业外支出处理。
2. 盘亏的甲材料系管理不善造成，作为管理费用处理。
3. 盘盈乙材料系计量差错造成，冲减管理费用。
4. 盘亏的 A 产品系保管员失职造成，责成保管员赔偿。

任务要求

1. 以"会计主管"的身份，根据任务资料中的清查结果填制盘存单（见表 6-1）和账存实存对比表（见表 6-2）。
2. 以"制单会计"的身份，根据上述资料编制固定资产盘盈盘亏报告单（见表 6-3）。

表 6-1　盘存单

单位名称：　　　　　　　　　　盘点时间：　　　　　　　　　编　　号：
财产类别：　　　　　　　　　　存放地点：　　　　　　　　　金额单位：

编号	名称	规格	计量单位	数量	单价	金额	备注

盘点人（签章）　　　　　　　　　　　　　　实物保管人：刘鸣

表 6-2　账存实存对比表

年　月　日　　　　　　　　　　　　　　　　　　　金额单位：

编号	名称	实存数量	实存金额	账存数量	账存金额	盘盈数量	盘盈金额	盘亏数量	盘亏金额	备注

处理意见：甲、乙材料账实差异列入管理费用；A 产品缺失由保管员赔偿；盘亏 BX-1 型发动机，作为营业外支出处理。

朱一凡

主管：　　　　　　　会计：　　　　　　　制表：

表 6-3　固定资产盘盈盘亏报告单

年　月　日

名称	型号	单位	盘盈数量	市场价格	价值损耗	盘亏数量	原值	已提折旧	原因	备注

处理意见：甲、乙材料账实差异列入管理费用；A 产品缺失由保管员赔偿；盘亏 BX-1 型发动机，作为营业外支出处理。

朱一凡

主管：　　　　　会计：　　　　　制表：　　　　　　　　保管员：刘鸣

任务二　现金清查

任务描述

现金清查就是财会人员通过实地盘点，确定库存现金的实存数，并与现金日记账账面余额核对，以查明现金长、短款情况。本任务要求学生掌握现金清查的方法和对清查结果的账务处理技能。

任务指导

在进行现金清查前，出纳员应将有关现金收款、付款凭证全部登记入账，并结出余额。清查时，出纳员必须到场，由清查人员清点库存现金的实存数，并根据清查结果填制现金盘点报告单（见表6-4）。

任务资料

12月30日，财会人员通过实地盘点库存现金，发现现金实存数为2 650元，现金日记账账面余额为2 730元，现金短款80元。经领导批准，由出纳员赔偿。

任务要求

1. 以"会计主管"的身份填制现金盘点报告单（见表6-4）。
2. 以"制单会计"的身份，根据现金盘点报告单进行领导批准前后的账务处理。

表6-4　现金盘点报告单

单位名称：　　　　　　　　　　　　　年　　月　　日　　　　　　　单位：

实存金额	账存金额	实存与账存对比		审批意见：出纳员赔偿。
		盘盈	盘亏	
				朱一凡

盘点人：　　　　　　　　出纳员：　　　　　　　　制表：

任务三　银行存款清查

任务描述

银行存款清查就是财会人员将本单位的银行存款日记账与对应开户银行转来的对账单逐笔进行核对，以确定双方账目是否相符。本任务要求学生掌握银行存款日记账与银行对账单的核对方法和银行存款余额调节表的编制方法。

任务指导

核对时，不仅要核对金额，更重要的是要核对双方结算凭证的种类、号码是否一致。对于核对相符的每笔业务记录，财会人员要用铅笔在银行存款日记账和银行对账单上分别打"√"，做出核对相符的标记。如果最终的核对结果双方账目完全一致，表明没有未达账项，银行存款清查结束；如果核对发现了未达账项，就要通过编制银行存款余额调节表来检查双方账目是否相符。

任务资料

湘丰制造有限公司2019年12月份银行存款日记账、银行对账单及银行存款余额调节表分别见表6-5至表6-7。

表6-5 银行存款日记账

2019年		凭证号	摘要	结算凭证		对方科目	借方	贷方	余额
月	日			种类	号码				
12	1		期初余额						380500.00
	2	银付1	购入材料	转支	3603	材料采购		48000.00	332500.00
	5	银付2	偿还货款	转支	3604	应付账款		36800.00	295700.00
	10	银付3	提取现金	现支	8653	库存现金		4000.00	291700.00
	13	银付4	支付广告费	转支	3605	销售费用		37200.00	254500.00
	17	银收1	收回货款	委收	1004	应收账款	28300.00		282800.00
	18	银付5	支付保险费	转支	3606	待摊费用		40000.00	242800.00
	22	银付6	预付差旅费	现支	8654	其他应收款		3500.00	239300.00
	30	银付7	代垫运杂费	转支	3607	应收账款		6000.00	233300.00
	31	银收2	收回货款	委收	1006	应收账款	18950.00		252250.00

表6-6 银行对账单

账号： 户名：湘丰制造有限公司

2019年		摘要	结算凭证		借方	贷方	核对号	余额
月	日		种类	号码				
12	1	期初余额						380500.00
	2	付货款	转支	3603	48000.00			332500.00
	6	还货款	转支	3604	36800.00			295700.00
	10	提现金	现支	8653	4000.00			291700.00
	14	付广告费	转支	3605	37200.00			254500.00
	16	收回货款	委收	1004		28300.00		282800.00
	18	付出保险费	转支	3606	40000.00			242800.00
	22	提差旅费	现支	8654	3500.00			239300.00
	28	存入货款	委收	1005		95380.00		334680.00
	29	付货款	托收	2003	36800.00			297880.00
	31	存款利息	特转	1480		5900.00		303780.00

表 6-7　银行存款余额调节表

项　　目	金　　额	项　　目	金　　额
银行存款日记账余额		银行对账单余额	
加：		加：	
减：		减：	
调节后余额		调节后余额	

任务要求

1. 以"出纳"的身份，根据任务资料中的企业银行存款日记账和银行对账单进行逐笔核对。
2. 以"出纳"的身份，根据核对结果编制银行存款余额调节表（表 6-7）。
3. 以"会计主管"的身份对银行存款余额调节表进行审核。

项目七　财务会计报表编制实训

实训综述

财务会计报表是指企业对外提供的反映企业某一特定日期财务状况和某一会计期间经营成果和现金流量的书面文件，包括资产负债表、利润表、现金流量表、所有者权益变动表和附注。本项目只涉及资产负债表和利润表的编制实训。通过本项目实训，使学生进一步理解资产负债表、利润表编制的基本原理，了解资产负债表、利润表的结构和报表内各项目的具体内涵，熟悉由凭证到账簿到报表的过程，掌握资产负债表、利润表编制的基本技能。

实训指导

企业财务会计报表的编制、对外提供及相关的法律责任必须按《会计法》《企业会计准则》等有关财经法规、制度的要求办理，要做到真实可靠、相关可比、全面完整、编报及时。

任务一　编制资产负债表

任务描述

资产负债表是反映企业在某一特定日期财务状况的报表，是根据"资产=负债+所有者权益"这一会计等式，依据一定的分类标准和顺序，将企业在一定日期的全部资产、负债、所有者权益项目进行适当分类、汇总、排列后编制而成的。本任务要求学生掌握资产负债表的编制技能。

任务指导

（一）资产负债表编制的一般方法

资产负债表中各项目数据，主要通过以下几种方式取得。

1. 直接根据总账账户的余额填列

资产负债表中大多数项目，根据相应的总账账户的期末余额直接填列，如"交易性金融资产""无形资产""短期借款""预收款项""应付职工薪酬""应交税费""持有待售负债""实收资本""盈余公积"等项目。

2. 根据几个总账账户的余额合计填列

资产负债表中有些项目，不是对应于一个会计账户，而是对应于几个会计账户；这些项目需要对对应的几个会计账户的期末余额进行加总，再填列表中，如以下项目。

（1）"货币资金"项目，应根据"库存现金""银行存款""其他货币资金"三个总账科目的期末余额合计数填列。

（2）"存货"项目，应根据"材料采购""原材料""周转材料""低值易耗品""材料成本差异""库存商品""生产成本"等总账科目的期末借贷金额相抵后的差额填列。

（3）"其他应付款"项目，应根据"应付利息""应付股利""其他应付款"科目的期末余额合计数填列。

（4）"未分配利润"项目，1～11月份应根据"本年利润减利润分配"总账科目的期末余额的差额填列；年末编制年度资产负债表时，则根据"利润分配——未分配利润"明细科目余额直接填列。

如果企业年度发生亏损，则"未分配利润"项目应以"一"号列示。

3. 根据有关明细账账户的内容分析后填列

资产负债表中有些项目，需要根据有关明细账账户的内容分析后填列。例如，"长期借款"科目中，将一年内到期的长期借款，在流动负债类下的"一年内到期的非流动负债"项目中反映，其余在"长期借款"项目中反映。

4. 根据有关账户余额减去其备抵账户后的净额填列

（1）"应收票据及应收账款"项目，应根据"应收票据"和"应收账款"科目的期末余额，减去"坏账准备"科目中相关坏账准备期末余额后的金额填列。

（2）"其他应收款"项目，应根据"应收利息""应收股利""其他应收款"科目的期末余额合计数，减去"坏账准备"科目中相关坏账准备期末余额后的金额填列。

（3）"持有待售资产"项目，应根据"持有待售资产"科目的期末余额，减去"持有待售资产减值准备"科目的期末余额后的金额填列。

（4）"固定资产"项目，应根据"固定资产"科目的期末余额，减去"累计折旧"和"固定资产减值准备"科目的期末余额后的金额，以及"固定资产清理"科目的期末余额填列。

（5）"在建工程"项目，应根据"在建工程"科目的期末余额，减去"在建工程减值准备"科目的期末余额后的金额，以及"工程物资"科目的期末余额，减去"工程物资减值准备"科目的期末余额后的金额填列。

（6）"应付票据及应付账款"项目，应根据"应付票据"科目的期末余额，以及"应付账款"和"预付账款"科目所属的相关明细科目的期末贷方余额合计数填列。

（7）"长期应付款"项目，应根据"长期应付款"科目的期末余额，减去相关的"未确认融资费用"科目的期末余额后的金额，以及"专项应付款"科目的期末余额填列。

（二）资产负债表中各有关项目的具体填列方法

资产负债表"年初数"栏内的各项数字，应根据上年末资产负债表"年末数"栏内所示数字填列。如果本年度该表规定的各个项目的名称和内容与上年度不一致，应对上年年末资产负债表中各项目的名称和数字按照本年度的规定加以调整后，再填入本年度该表"年初数"栏。

任务资料

项目四所开设并登记的总账、明细账、日记账。

任务要求

以"会计主管"的身份编制本企业2019年9月30日的资产负债表。

任务二　编制利润表

任务描述

利润表又称损益表，是反映企业一定期间经营成果的财务报表。它是一张动态的会计报表。本任务要求学生掌握利润表的编制技能。

任务指导

按照我国企业会计利润表的格式要求，表中一般设有"本期金额"和"上期金额"两栏，具体填列方法如下所述。

（一）"上期金额"的填列方法

在编制月度利润表时，"本期金额"栏反映各项目本月的实际发生数，"上期金额"栏反映各项目上月利润表的实际发生数。在编制年度利润表时，"本期金额"栏反映各项目本年度的实际发生数，"上期金额"栏反映各项目上年度利润表的实际发生数。如果上年度利润表中项目的名称和内容与本年度利润表不一致，应对上年度利润表中项目的名称和数字按本年度的规定进行调整，填入利润表的"上期金额"栏。

（二）"本期金额"的填列方法

（1）"营业收入"项目，反映企业主营业务和其他业务所取得的收入总额。本项目应根据"主营业务收入""其他业务收入"科目的发生额分析填列。

（2）"营业成本"项目，反映企业主营业务和其他业务发生的实际成本。本项目应根据"主营业务成本""其他业务成本"科目的发生额分析填列。

（3）"税金及附加"项目，反映企业经营活动发生的消费税、城市维护建设税、资源税、教育费附加、房产税、土地使用税、车船使用税、印花税等相关税费。本项目应根据"税金及附加"科目的发生额分析填列。

（4）"销售费用"项目，反映企业在销售商品等过程中发生的费用。本项目应根据"销售费用"科目的发生额分析填列。

（5）"管理费用"项目，反映企业发生的管理费用。本项目应根据"管理费用"科目的发生额分析填列。

（6）"研发费用"项目，反映企业进行研究与开发过程中发生的费用化支出。本项目应根据"管理费用"科目的"研发费用"明细科目的发生额分析填列。

（7）"财务费用"项目，反映企业发生的财务费用。本项目应根据"财务费用"科目的发生额分析填列。其中，"利息费用"项目，反映企业为筹集生产经营所需资金等而发生的应予费用化的利息支出。该项目应根据"财务费用"科目的相关明细科目的发生额分析填列。"利息收入"项目，反映企业确认的利息收入。该项目应根据"财务费用"科目的相关明细科目的发生额分析填列。

（8）"其他收益"项目，反映计入其他收益的政府补助等。本项目应根据"其他收益"科目的发生额分析填列。

（9）"投资收益"项目，反映企业以各种方式对外投资所取得的净收益。本项目应根据"投资收益"科目的发生额分析填列，如为投资损失，以"—"号填列。

（10）"资产处置收益"项目，反映企业出售划分为持有待售的非流动资产（金融工具、长期股权投资和投资性房地产除外）或处置组（子公司和业务除外）时确认的处置利得或损失，以及处置未划分为持有待售的固定资产、在建工程、生产性生物资产及无形资产而产生的处置利得或损失。债务重组中因处置非流动资产产生的利得或损失和非货币性资产交换中换出非流动资产产生的利得或损失也包括在本项目内。本项目应根据"资产处置损益"科目的发生额分析填列，如为处置损失，以"—"号填列。

（11）"营业外收入"项目，反映企业发生的除营业利润以外的收益，主要包括债务重组利得、与企业日常活动无关的政府补助、盘盈利得、捐赠利得（企业接受股东或股东的子公司直接或间接的捐赠，经济实质属于股东对企业的资本性投入的除外）等。本项目应根据"营业外收入"科目的发生额分析填列。

（12）"营业外支出"项目，反映企业发生的与其生产经营无直接关系的支出，主要包括债务重组损失、公益性捐赠支出、非常损失、盘亏损失、非流动资产毁损报废损失等。本项目应根据"营业外支出"科目的发生额分析填列。

（13）"利润总额"项目，反映企业实现的利润总额，如为亏损总额，以"—"号填列。

（14）"所得税费用"项目，反映企业经营利润应交纳的所得税。本项目应根据"所得税费用"科目的发生额分析填列。

（15）"净利润"项目，是指企业当期利润总额减去所得税后的净额，如为净亏损，以"—"号填列。"净利润"项目由"（一）持续经营净利润"项目和"（二）终止经营净利润" 项目组成，分别反映净利润中与持续经营相关的净利润和与终止经营相关的净利润，如为净亏损，以"—"号填列。这两个项目应按照《企业会计准则第 42 号——持有待售的非流动资产、处置组和终止经营》的相关规定分别列报。

任务资料

项目五所开设并登记的有关损益类账户资料。

任务要求

以"会计主管"的身份编制本企业2019年9月的利润表。

项目八　会计凭证和账表的装订与保管实训

实训综述

通过本项目实训，使学生熟悉会计凭证造册归档、使用、借阅及保管、销毁等程序，掌握会计凭证和账表的装订方法、保管要求。

实训指导

（一）会计凭证的装订方法及保管要求

（1）记账凭证应当连同所附的原始凭证或原始凭证汇总表，按照编号顺序，折叠整齐，按期装订成册，并加装封面，填写封面内容；凭证装订完后，由装订人在装订线封签处签名或盖章。

（2）装订时，首先，将全部凭证以左上角为准对齐，在左上角正面放一张长、宽各约9厘米的正方形牛皮纸，将牛皮纸对折为四块，剪掉左上角的那块，将右下角与凭证的左上角对齐；其次，在凭证封面左上角上钻两个孔，穿入装订绳，绕两圈，在封底打上结；再次，将牛皮纸右上角和左下角两小块反折到凭证封底，粘在打好的绳结上；最后，由装订人盖上骑缝章，并在脊背上填写凭证所属时间及编号。

（3）填写时，会计凭证的封面应当包括单位名称、所属年度和月份、起讫日期、凭证种类、起讫号码等，如图8-1所示。

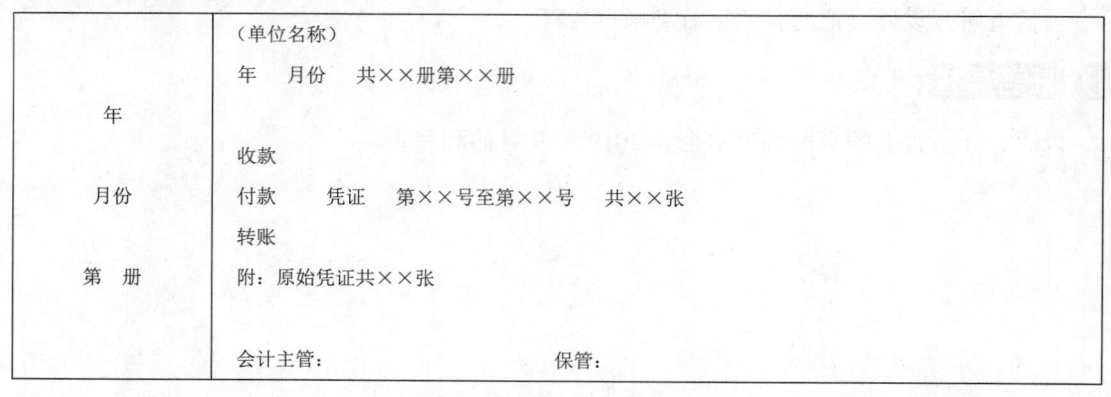

年 月份 第　　册	（单位名称） 年　　月份　　共××册第××册 收款 付款　凭证　第××号至第××号　共××张 转账 附：原始凭证共××张 会计主管：　　　　　　　　　保管：

图8-1　会计凭证的封面

（4）会计凭证装订时，对于那些重要的原始凭证，如各种经济合同、存出保证金收据、涉外文件、契约等资料，为了便于日后查阅，可以不附在记账凭证之后，另编目录，单独保管，然后在相关的记账凭证上注明原始凭证保管地及编号，以便日后核对。

（5）会计凭证装订时，对于那些较多的原始凭证，如发货票、收货单、领料单等，也可以不附在记账凭证之后，单独装订成册，加装封面，并注明记账凭证的日期、编号、种类，同时在记账凭证上注明"附件另订"（或"所附原始凭证另订"）及原始凭证的名称、编号。

（6）装订成册的会计凭证，应指定专人负责保管。当年的会计凭证，在会计年度终了后，可暂由本单位会计机构保管一年，期满后应移交本单位的档案机构统一保管。出纳人员不得兼管会计档案。已经存档的会计凭证，在需要查阅时，必须经过一定的审批手续。查阅时不得拆散原卷册。原始凭证不得外借，外单位因特殊需要使用原始凭证时，经本单位领导人批准，可以复制。向外单位提供的原始凭证复印件，应在专设的登记簿上登记，并由提供人员和查阅人员共同签章。

（7）保管期满的会计凭证可以销毁。但属于下列情况的，保管期满也不得销毁。

① 尚未结清的债权债务的原始凭证，保管期满也不得销毁，应当单独抽出立卷，保管到事项完结时才可销毁。

② 项目正在建设期间，其保管期满的会计凭证也不得销毁。

（8）按规定可以销毁的会计凭证，销毁时应办理如下手续。

① 由本单位档案机构会同会计机构提出销毁意见，编制销毁清册，列明所销毁的会计凭证的名称、卷号、册数、起止年度、档案编号、应保管期限、已保管期限和销毁的时间等信息。

② 由单位负责人在销毁清册上签署意见。

③ 销毁时，应由档案机构和会计机构分别派人共同监督销毁过程。

④ 监销人员在会计凭证销毁前，应当按照销毁清册所列内容清点核对要销毁的会计凭证；销毁后，监销人员应当在销毁清册上签名盖章，并将监销情况报告本单位负责人。

（二）会计账簿的装订方法及保管要求

1. 会计账簿的更换

账簿更换是在会计年度末，将本年度旧账更换为下年度新账。

更换新账的方法是：在年终结账时，将需要更换账簿的各账户的年末余额直接归入新启用账簿的有关账户中去，不需要编制记账凭证。

更换新账时，要注明各账户的年份，然后在第一行"日期"栏内写明"1月1日"，在"摘要"栏内注明"上年结转"，把账户余额写入"余额"栏，在此基础上登记新年度的会计事项。

2. 旧账归档移交前的准备工作

账簿在更换新账后，除跨年使用的账簿外，其他账簿应及时整理归入会计档案保管。归档前应做好以下几项工作。

（1）账簿装订前的工作。首先，按账簿启用表的使用页数与账户页数核对是否相符，账页是否齐全，序号排列是否连续；然后，按会计账簿封面、账簿启用表、账户目录和排序整理好的账页顺序装订。

（2）活页账簿装订要求。将账页填写齐全，去除空白页和账夹，并加装封底、封面；多栏式活页账、三栏式活页账、数量金额式活页账等不得混装，应按同类业务、同类账页装订在一起；在装订账页的封面上填写好账簿的种类，编好卷号，由会计主管人员、装订人或经办人签章。

（3）账簿装订后的其他要求。装订的账簿应牢固、平整，不得有折角、缺角、错页、掉页、加空白纸的现象；会计账簿的封口要严密，封口处要加盖印章；封面应平整，并注明账簿所属年度及账簿名称、编号；编号要一年一编，编号顺序依次为总账、现金日记账、银行存款日记账、明细分类账；旧账装订完毕后，按规定要求进行保管。

3. 调用旧账时应办理的手续

各单位保存的会计账簿归档后不得借出，如有特殊需要，经本单位负责人批准并办理登记手续后，可以提供查阅或复制。查阅或复制会计账簿的人员，严禁在会计档案上涂画、拆封和抽换。

各单位应建立健全会计档案查阅、复制登记制度。

（三）会计档案保管期限

会计档案保管期限一览表如表 8-1 所示。

表 8-1　会计档案保管期限一览表

序号	档案名称	保管期限
1	记账凭证	15 年
2	收据存根	15 年
3	工资表册	15 年
4	总账	15 年
5	收支明细账	15 年
6	固定资产卡片	报废清理后 5 年
7	资金往来账	15 年
8	辅助账	15 年
9	现金账	25 年
10	银行存款账	25 年
11	决算报表	永久
12	月报、季报表	3 年
13	银行对账单	5 年
14	会计档案保管清册	永久
15	会计档案销毁清册	永久
16	会计档案移交清册	15 年
17	银行存款余额调节表	5 年

任务一　整理、粘贴原始凭证

任务描述

原始凭证是记录经济业务、明确经济责任并具有法律效力的书面证明。本任务要求学生学会对种类繁多、大小不一的原始凭证进行整理、粘贴，使之整齐美观、便于装订。

任务指导

对纸张面积小于记账凭证的原始凭证，用大头针或回形针将其别在记账凭证的后面，待装订记账凭证时将大头针或回形针拆除；对纸张面积大于记账凭证的原始凭证，可按略小于记账凭证的尺寸进行折叠;对纸张面积较小的原始凭证,可按一定的顺序和类别,粘贴在原始凭证粘贴单上。粘贴时,对较小的原始凭证,如公车汽车票,应分别排列,适当重叠,但要露出数字金额和编号,便于计算和复核,同时要注意把同类、同金额的单据粘贴在一起。

任务资料

项目三中所涉及的原始凭证资料。

任务要求

同时以"会计主管""记账会计""制单会计"的身份将项目三中所涉及的原始凭证进行整理、粘贴,为记账凭证的装订做好准备。

任务二 装订会计凭证和账表

任务描述

会计凭证、账簿、报表是重要的会计档案,必须妥善保管,防止丢失、毁损。会计部门在完成记账工作后,应在凭证整理的基础上,定期对会计凭证进行装订;一定时期终了还应对账簿、报表进行装订。本任务要求学生学会会计凭证及账表的装订方法。

任务指导

1. 整理检查记账凭证
(1)拆除记账凭证上的大头针、回形针、订书钉。
(2)薄厚要均匀。
(3)凭证号码要复查,防止号码颠倒或缺号,并要检查记账凭证中所附的原始凭证及相关资料是否齐全。
2. 加装封面,装订成册
3. 填写记账凭证封面
封面内容要填写齐全,并盖齐印章。
4. 整理装订账簿
(1)整理活页账,抽出空白页。
(2)标明账页的总页数和分页数。
(3)加装扉页和封面后进行装订。
5. 整理装订报表
(1)整理1~12月份的报表,按月份顺序排列整齐。
(2)加装会计报表封面后装订成册,并加盖公章。
(3)填写会计报表封面。

任务资料

见本项目任务一所整理的原始凭证，以及项目四、项目五、项目七中所涉及的资料。

任务要求

同时以"会计主管""记账会计""制单会计"的身份将项目四中编制的通用记账凭证或专用记账凭证、项目五中所开设并登记的账簿、项目七中所编制的会计报表装订成册。

第三篇

基础会计综合实训

项目九　综合实训

实训综述

通过本项目实训，使学生全面、系统地掌握科目汇总表核算程序下原始凭证的填制和审核，记账凭证的编制和审核，科目汇总表的编制，会计账簿的建立、登记、对账、结账，会计报表的编制等会计基础操作技能和方法。

实训指导

科目汇总表账务处理程序，是指对发生的经济业务，根据原始凭证或原始凭证汇总表编制记账凭证，根据记账凭证定期编制科目汇总表，并据以登记总分类账的一种账务处理程序。这种账务处理程序的主要特点是，根据记账凭证定期编制科目汇总表，然后根据科目汇总表登记总账。

（一）科目汇总表账务处理程序

（1）根据原始凭证或原始凭证汇总表编制记账凭证。
（2）根据记账凭证中的收款、付款凭证逐日逐笔登记现金日记账和银行存款日记账。
（3）根据各种记账凭证，结合原始凭证或原始凭证汇总表逐笔登记各种明细分类账。
（4）根据各种记账凭证定期登记"丁"字账，并进行"丁"字账发生额试算平衡。
（5）根据"丁"字账编制科目汇总表。
（6）根据科目汇总表登记总分类账。
（7）根据总账资料定期与有关的明细账和日记账核对，保证账账相符。
（8）根据总账、明细账和其他有关资料定期编制会计报表。

（二）凭证和账簿的设置

采用科目汇总表账务处理程序，除设置通用记账凭证或收款凭证、付款凭证和转账凭证外，为了定期将全部记账凭证进行汇总，应另设置科目汇总表。现金日记账、银行存款日记账及各种明细分类账和总分类账的设置与记账凭证账务处理程序基本相同。

（三）科目汇总表的编制方法

采用"丁"字账工作底稿的方法进行编制。

（1）定期（5天、10天、半个月或一个月）对各种记账凭证进行汇总，按汇总期内全部记账凭证所涉及的每一会计科目开设并登记"丁"字账。为了便于登记总账，一般按总分类账上的账户顺序开设"丁"字账，并将汇总期内的全部记账凭证逐笔登记入账。为了便于日后查找账目、反映账户之间的对应关系，要求在"丁"字账中逐笔标出凭证种类和凭证号数。

（2）进行"丁"字账发生额试算平衡。在"丁"字账工作底稿上，加总所有账户借方发生额和贷方发生额，进行发生额试算平衡。若借、贷方数额相等，则表示汇总正确；否则，需检查转抄、加总及记账凭证有无错误，查明原因，直到借贷平衡。"丁"字账发生额试算平衡取代了总分类账试算平衡。

（3）根据"丁"字账编制科目汇总表。"丁"字账发生额试算平衡后，按"丁"字账工作底稿上的账户顺序填在科目汇总表"会计科目"栏中，将每一账户的借、贷方发生额填入科目汇总表的相应栏目内，全部账户借、贷方发生额合计数分别填入"合计"行中的借方和贷方。

对于现金、银行存款科目的借方发生额和贷方发生额也可以根据现金日记账和银行存款日记账借、贷方金额合计数填列。

实训资料

（一）企业基本情况

企业基本情况如表9-1所示。

表9-1 企业基本情况

企业名称及所属行业	湘丰制造有限公司，制造业
主要业务及主要产品	儿童背心、男式背心
单位地址及电话号码	娄底市育才路8号，0738-6228779
开户银行及账号	工商银行娄底支行，1913010109024569896
纳税人识别号	914313027890 222182
适应税率	增值税税率13%、企业所得税税率25%、城建税税率7%、教育费附加3%、地方教育费附加2%
主要会计岗位及人员	陈珊（会计主管）、吴斌（记账员）、李小丽（制单会计）、刘晨（出纳）
组织机构	厂办、生产车间、销售部、财务部

（二）建账资料

建账资料具体见表9-2至表9-5。

表9-2 2019年11月30日各账户余额表

单位：元

账户名称		借方金额		贷方金额	
总账	明细账	总账	明细账	总账	明细账
库存现金		2239.00			
银行存款		199000.00			

续表

账户名称		借方金额		贷方金额	
总 账	明细账	总 账	明细账	总 账	明细账
其他货币资金		12500.00			
交易性金融资产		100000.00			
应收账款		50000.00			
应收账款	大明公司		26000.00		
应收账款	长新公司		24000.00		
预付账款		15200.00			
其他应收款		1700.00			
其他应收款	王林		1200.00		
其他应收款	李军		500.00		
坏账准备				2985.00	
在途物资		10000.00			
在途物资	群益股份有限公司		10000.00		
原材料		51000.00			
原材料	涤纶		10000.00		
原材料	棉布		25000.00		
原材料	丝绸		16000.00		
周转材料		21500.00			
库存商品		33000.00			
库存商品	儿童背心		18000.00		
库存商品	男式背心		15000.00		
持有至到期投资		300000.00			
固定资产		200000.00			
累计折旧				585000.00	
短期借款				80000.00	
应付账款				68000.00	
应付账款	正大工厂				22000.00
应付账款	新华材料厂				46000.00
预收账款				14500.00	
应付职工薪酬				5120.00	
	职工福利				3520.00
	工会经费				1600.00
应交税费				31102.00	
应交税费	应交增值税				7680.00
应交税费	城市维护建设税				538.00
应交税费	应交所得税				22500.00

续表

账户名称		借方金额		贷方金额	
总账	明细账	总账	明细账	总账	明细账
应交税费	教育费附加				230.00
	地方教育费附加				154.00
应付利息				1572.00	
实收资本				1214325.00	
资本公积				406200.00	
盈余公积				121780.00	
盈余公积	法定盈余公积				121780.00
利润分配				40483.00	
本年利润				225072.00	
合　计		2796139.00		2796139.00	

表 9-3　1～11 月各损益类账户发生额

单位：元

账户名称	1～11 月累计发生额	
	借方累计发生额	贷方累计发生额
主营业务收入		977842.00
其他业务收入		38200.00
投资收益		101600.00
营业外收入		34000.00
主营业务成本	585000.00	
税金及附加	38600.00	
其他业务成本	19200.00	
销售费用	42150.00	
管理费用	106000.00	
财务费用	48200.00	
营业外支出	5000.00	
所得税费用	82420.00	

表 9-4　原材料明细账（11 月 30 日资料）

明细账户	数量（米）	单价（元）	金额（元）
涤纶	2000	5.00	10000.00
棉布	2500	10.00	25000.00
丝绸	500	32.00	16000.00

表9-5 库存商品明细账（11月30日资料）

明细账户	数量（件）	单价（元）	金额（元）
儿童背心	1200	15.00	18000.00
男式背心	600	25.00	15000.00

（三）湘丰制造有限公司2019年12月份发生的经济业务

1. 12月1日，从银行提取现金2 000元作为备用金。
【业务1】

2. 12月3日，上月采购的棉布1 000米，验收入库，按实际采购成本10 000元入账。
【业务2】

收　料　单

供货单位：群益股份有限公司　　　　　　　　　　　　　编号：1010
发票号码：0023121　　　　　　　2019年12月3日　　　　仓库：二仓库

规格	材料名称	编号	数量		实际价格（元）				
			应收	实收	单位	单价	发票金额	运杂费	合计

验收人盖章：李玉　　合计

采购员：　　　检验员：　　　记账员：　　　保管员：李玉

3. 12月2日，从娄底大发工厂（开户行：中国建设银行车站支行。账号：300100234565478。地址：娄底市扶青路56号。纳税人识别号：914301041992014282）购入涤纶6 000米，单价5元，发票注明的原材料价款30 000元，增值税税额3 900元，材料验收入库，货款及税款以转账支票支付。

【业务3-1】

中国工商银行
转账支票存根
10204430
000265275

附加信息 _____
_____
_____

出票日期 2019 年 12 月 2 日

收款人：	娄底大发工厂
金　　额：	￥33900.00
用　　途：	支付货款

单位主管　　　会计

【业务3-2】

湖南增值税专用发票

4300172130　　　　　　　　№ 00065854　　　00065854

开票日期：2019 年 12 月 2 日

购货单位	名　称：		密码区	2489—1<9—7—61896284 8<032/52>9/29533—4974 1626<8—3024>82906—2 —47—6<7>2*—/>*>6
	纳税人识别号：			
	地址、电话：			
	开户行及账号：			

货物或应税劳务名称	规格型号	单位	数量	单价	金额	税率	税额
*化学纤维*涤纶							
合　计							

价税合计（大写）		（小写）

销货单位	名　称：		备注
	纳税人识别号：		
	地址、电话：		
	开户行及账号：		

收款人：　　　　　复核：　　　　　开票人：　　　　　销货单位（章）

【业务 3-3】

收 料 单

编号：1010

发票号码：　　　　　　　　2019 年 12 月 2 日　　　　　　　仓库：**一仓库**

规格	材料名称	编号	数量 应收	数量 实收	单位	单价	发票金额	运杂费	合计 千	百	十	万	千	百	十	元	角	分
	涤纶		6000	6000	米	5.00	30000.00					3	0	0	0	0	0	0
备注			验收人盖章				合计 30000.00											

第二联：会计部门

采购员：　　　　　　　　检验员：　　　　　　　　记账员：　　　　　　　　保管员：**李玉**

4．12 月 2 日，采购员王林出差归来，报销差旅费 880 元，收回现金 320 元。

【业务 4-1】

收　　据

年　月　日　　　　　　　　　　　第　号

今收到						万	千	百	十	元	角	分
人民币（大写）：												
事由：					现金 现金收讫							
收款单位			财务负责人		收款人							

第三联：收据

【业务 4-2】

差 旅 费 报 销 单

单位名称：　　　　　　　填报日期：*2019*年*12*月*2*日　　　　　　　单位：元

姓名	王林	职级		出差事由		出差时间		计划 天	
								实际 天	

日期		起止地点		飞机、车、船票		其 他 费 用				备 注
月	日	起	止	类别	金额	项 目	标准	计算天数	核报金额	
11	28	娄底	珠海	火车	228.00	住宿费	包干报销	70.00	4	280.00	
12	2	珠海	娄底	火车	228.00		限额报销				
						伙食补助费				
						车、船补助费				
						其 他 杂 支	144.00		144.00	
	小 计				456.00	小 计			424.00	
总计金额（大写）		捌佰捌拾元整				预支 1200　核销 880　退补 320				

主管：　　　　　　部门：　　　　　　　　　审核：　　　　　　　填报人：

---

5. 12 月 3 日，销售给西安仁和有限公司（开户行：中国工商银行平安分行。账号：1901554732403585435。地址、电话：平安路 65 号，029-53664888。纳税人识别号：916115856624783601）儿童背心 1 000 件（单价 32 元）、男式背心 500 件（单价 48 元），收到银行汇票，填进账单，一并送存银行。

【业务 5-1】

银 行 进 账 单

*2019*年*12*月*3*日　　　　第*0001589*号

出票人	全 称		收款人	全 称		工商银行娄底支行
	账 号			账 号		2019.12.03
	开户银行			开户银行		转讫

人民币（大写）				千百十万千百十元角分

票据种类	转账支票	票据张数	1	
票据号码				开户银行盖章
款项来源	货款			

【业务 5-2】

湖南增值税专用发票

4300172130

№ 00575238

4300172130
00575238

此联不作报销、扣税凭证使用　　开票日期：2019 年 12 月 3 日

购货单位	名　称	西安仁和有限公司	密码区	2489－1＜9－7－615962848＜032/52＞9/29533－49741626＜8－3024＞82906－222－476－666＜7＞2*－0/0＞*021＞6/78+6080*1101+4-＞0957＜027/+7
	纳税人识别号：	916115856624783601		
	地址、电话：	平安路 65 号，029-53664888		
	开户行及账号：	工商银行平安分行，1901554732403585435		

货物或应税劳务名称	规格型号	单位	数量	单价	金额	税率	税额
*服装*儿童背心		件	1000	32.00	32000.00	13%	4160.00
*服装*男式背心		件	500	48.00	24000.00	13%	3120.00
合　计					¥56000.00		¥7280.00

价税合计（大写）　陆万叁仟贰佰捌拾元整　　（小写）¥63280.00

销货单位	名　称	湘丰制造有限公司	备注	
	纳税人识别号：	914313027890222182		
	地址、电话：	娄底市育才路 8 号，0738-6228779		
	开户行及账号：	工商银行娄底支行，1913010109024569896		

收款人：　　复核：　　开票人：马萍　　销货单位（章）

第一联：记账联　销货方记账凭证

【业务 5-3】

产　品　出　库　单

编号：1201

购货单位：
发票号码：　　　　　2019 年　12 月　3 日　　　仓库：三仓库

规格	品名	编号	数量 应发	数量 实发	单位	单价	实际成本（元）合计 千 百 十 万 千 百 十 元 角 分
	儿童背心		1000	1000	件		
	男式背心		500	500	件		
备注		发货人盖章				合计	

主管：　　保管员：李玉　　检验员：　　记账员：

第二联：会计部门

第三篇 基础会计综合实训

【业务5-4】

中国工商银行银行汇票（收款通知）

00448978
第 号

账号：061466385245700

出票日期（大写）	贰零壹玖年壹拾贰月零叁日	代理付款行：中国工商银行平安分行
		行号：410

收款人：湘丰制造有限公司　　账号：1913010109024569896

出票金额（大写）　人民币　柒万元整

实际结算金额（大写）　人民币陆万叁仟贰佰捌拾元整　　¥63280.00

申请人：西安仁和有限公司

出票行：工商银行平安分行

行　号：410

备　注：货款

凭票付款

出票行签章

多余金额　¥5040.00

工商银行娄底支行
2019.12.03
科目（借）
对方科目（贷）
转讫日期 2019年12月3日
复核　记账

此联是出票行交收款行作收款凭证

【业务5-5】

中国工商银行银行汇票（解讫通知）

00448978
第 号

账号：061466385245700

出票日期（大写）	贰零壹玖年壹拾贰月零叁日	代理付款行：中国工商银行平安分行
		行号：410

收款人：湘丰制造有限公司　　账号：1913010109024569896

出票金额（大写）　人民币　柒万元整

实际结算金额（大写）　人民币陆万叁仟贰佰捌拾元整　　¥63280.00

申请人：西安仁和有限公司

出票行：工商银行平安分行

行　号：410

备　注：货款

凭票付款

出票行签章

多余金额　¥6720.00

工商银行娄底支行
2019.12.03
科目（借）
对方科目（贷）
兑付日期 2019年12月3日
转讫
复核　记账

此联是代理付款行兑付后随单寄出票行，由出票行作多余款贷方凭证

6. 12月3日，仓库发出材料，生产儿童背心领用涤纶4 000米，实际成本为20 000元，领用棉布2 000米，实际成本为20 000元；生产男式背心领用涤纶1 500米，实际成本为7 500元，领用棉布800米，实际成本为8 000元；车间一般耗用丝绸200米，实计成本为6 400元；行政管理部门领用丝绸150米，实际成本为4 800元。

【业务6】

湘丰制造有限公司发出材料汇总表

12月3日　　　　金额单位：元
　　　　　　　数量单位：米

领用部门及用途		涤纶			棉布			丝绸			合计
		数量	单价	金额	数量	单价	金额	数量	单价	金额	
基本生产	儿童背心	4000		20000.00	2000		20000.00				40000.00
	男式背心	1500		7500.00	800		8000.00				15500.00
车间耗用								200		6400.00	6400.00
管理部门								150		4800.00	4800.00
销售部门											
合计		5500		27500.00	2800		28000.00	350		11200.00	66700.00

会计主管：　　　　记账：　　　　保管：　　　　制表：

---

7. 12月5日，收到娄底大明公司（开户行：中国工商银行花山支行。账号：1970228203282034。地址、电话：建设路654号，0738-6456821。纳税人识别号：914301039124568453）前欠货款26 000元，以转账支票支付并已存入银行。

【业务7-1】

中国工商银行　转账支票　10204430　25270554

出票日期（大写）：贰零壹玖 年拾贰月零伍日　付款行名称：工行花山支行
收款人：湘丰制造有限公司　出票人账号：1970228203282034

人民币（大写）：贰万陆仟元整　￥260000.00

用途：还欠款
上列款项请从我账户内支付
出票人签章：宁李印雨

复核：　记账：
914301039124568843
娄底大明公司 财务专用章

【业务 7-2】

银 行 进 账 单（收账通知）

年　月　日　　　　　　　第　号

出票人	全　称	娄底大明公司	收款人	全　称	湘丰制造有限公司
	账　号	9870228203282034		账　号	1913010109024569896
	开户银行	工行花山支行		开户银行	工商银行娄底支行

人民币												
（大写）贰万陆仟元整	千	百	十	万	千	百	十	元	角	分
	¥			2	6	0	0	0	0	0

票据种类	转账支票	票据张数	1
票据号码			
款项来源	货款		

转讫 2019.12.05 工商银行娄底支行

开户银行盖章

8．12 月 6 日，以银行存款向新新电脑有限公司（开户行：中国工商银行解放路支行。账号：1900100321502001289。地址、电话：娄底市解放路 338 号，0738-4652139。纳税人识别号：91430421198801428 购入手提电脑 3 台，单价 5 000 元，增值税 1 950 元，验收交付使用。

【业务 8-1】

编号：
币种：人民币／单位：元

	回单生成时间：2019－12－06　10：05：26	
付款方	账户名称：	湘丰制造有限公司
	账号：	61765315@qq.com
	账户类型：	支付宝账户
	开户机构：	支付宝（中国）网络技术有限公司
收款方	账户名称：	袁丽
	账号：	69738142@qq.com
	账户类型：	支付宝账户
	开户机构：	支付宝（中国）网络技术有限公司
支付宝交易号		
交易状态	交易成功	
付款时间	2019－12－06　09－37：09	
付款金额	小写：16950.00	
	大写：壹万陆仟玖佰伍拾元整	
摘要	转账（新新公司电脑款）	

注：
1．本《支付宝电子回单》仅证明用户申请该电子回单时间之前通过其支付宝账户的支付行为。
2．本《支付宝电子回单》有任何修改或涂改的，均为无效证明。
3．本《支付宝电子回单》仅供参考，如与用户支付宝账户记录不一致的，以支付宝账户记录为准。

支付宝（中国）网络技术有限公司

业务凭证专用章盖章处

【业务 8-2】

湖南增值税专用发票

4300172130　　　　　　　　　　　　　　　　　№ 00085694　　4300172370　00085694

开票日期：2019 年 12 月 6 日

购货单位	名　称：	湘丰制造有限公司	密码区	2489－1＜9－7－615962848＜032 /52＞9/29533－49741626＜8－3024 ＞82906－222－476－666＜7＞2*－0/0＞ 6/78+6080*1101+4－＞0957＜027/+7
	纳税人识别号：	914313027890222182		
	地址、电话：	娄底市育才路8号，0738-6228779		
	开户行及账号：	工商银行娄底支行，1913010109024569896		

货物或应税劳务名称	规格型号	单位	数量	单价	金　额	税率	税　额
风电电动器	手提电脑	台	3	5000.00	15000.00	13%	1950.00
合　计					¥15000.00		¥1950.00

价税合计（大写）	壹万陆仟玖佰伍拾元整	（小写）¥16950.00

销货单位	名　称：	新新电脑有限公司	备注	
	纳税人识别号：	91430421198801428X		
	地址、电话：	娄底市解放路338号，0738-4652139		
	开户行及账号：	工商银行解放路支行，1900100321502001289		

收款人：　　　　　复核：　　　　　开票人：　　　　　销货单位（章）

【业务 8-3】

固定资产验收单

供货单位：　　　　　　　　　　　　　　　　　　　　　　　　编号：
发票号码：　　　　　　　　　　　年　月　日

固定资产编号	固定资产名称	规格	计量单位	数量 应收	数量 实收	实际价格 单价	实际价格 发票金额	实际价格 运杂费用	实际价格 合计	备注

质量检验记录	制造日期	合格证号	技术条件	质量状况	检查结论

采购员：　　　　检验员：　　　　记账员：　　　　使用部门：

9. 12月6日，开出银行转账支票将收取的工会经费1 600元拨交工会。

【业务9】

```
        中国工商银行
        转账支票存根
         10204430
          000265377

    附加信息 _____
    _____
    _____

    出票日期 2019年 12月 6日
    收款人：湘丰制造有限公司工会
    金  额：¥1600.00
    用  途：支付工会经费

    单位主管      会计
```

---

10. 12月7日，上缴上月应交税金（其中应交增值税7 680元，应交城市维护建设税538元，应交教育费附加345元）。

【业务10】

中国工商银行电子缴税付款凭证

日期：2019年12月7日

付款人账号：1913010109024569896　　　征收机关：国家税务总局湖南省税务局

付款人名称：湘丰制造有限公司　　　　收款人名称：国家金库娄底市娄星区支库

付款人开户银行：中国工商银行娄底支行

金额：¥8602.00

　　人民币：捌仟陆佰零贰元整

业务种类：实时缴税　　　业务编号：39533068

纳税人识别号：914313027890222182　　缴款书交易流水号：345270　税票号：34136190081800

纳税人全称：湘丰制造有限公司

税种名称：	所属日期	实缴金额
增值税：	2019-11-01----2019-11-30	¥7680.00
城市维护建设税：	2019-11-01----2019-11-30	¥538.00
教育费附加	2019-11-01----2019-11-30	¥230.00
地方教育费附加	2019-11-01----2019-11-310	¥15400

交易机构　12776　　交易渠道：其他　　交易流水号：70288070270

11. 12月11日，填制电汇委托书，汇出货款22 000元，归还正大工厂的货款（开户行：株洲市农业银行南方路支行。账号：1801600100447865345）。

【业务11】

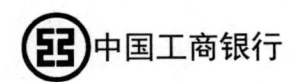

中国工商银行

电 汇 凭 证

币别：　　　　　　　　　　　　年 月 日　　　　凭证编号：0110093749

汇款方式	□普通	□加急										
汇款人	全 称		收款人	全 称								
	账 号			账 号								
	开户银行			开户银行								
金额	（大写）				百	十	万	千	百	十	元	角	分

工商银行娄底支行
2019.12.11
转讫

支付密码
附加信息及用途
此汇款支付给收款人
客户签章

会计主管　　　授权　　　复核　　　录入

此联是银行交付款人的支款凭证

12. 12月12日，厂办李宇出差开会，向财务科借现金1 500元。

【业务12】

借 据

年　月　日　　　　　　　　　　　　　　　　　借字 1 号

今借人民币（大写）：_____
借 款 原 因：_____
部　门　意　见：同意 _____
主管批准意见：同意 _____
批准人：朱一凡章　　　借款人（签章）：_____

现金付讫

---

13. 12月12日，总务科报账，报销零星办公用品费785.35元，以现金补足定额备用金。

【业务13-1】

湖南增值税专用发票

4300172370　　00065854

No

开票日期：2019年12月12日

购货单位	名　　称	湘丰制造有限公司	密码区	2489－1＜9－7－615962848＜032 /52＞9/29533－49741626＜8－3024 ＞82906－222－476－666＜7＞2*－0/0＞ 6/78+6080*1101+4－＞0957＜027/+7
	纳税人识别号	91431302789022182		
	地址、电话	娄底市育才路8号，0738-6228779		
	开户行及账号	工商银行娄底支行，1913010109024569896		

货物或应税劳务名称	规格型号	单位	数量	单价	金额	税率	税额
*纸制品*打印纸		箱	2	240.00	480.00	13%	62.40
*文具*水笔		支	20	10.75	215.00	13%	27.95
合　计					￥695.00		￥90.35

价税合计（大写）	柒佰捌拾伍元叁角伍分	（小写）￥785.35

销货单位	名　　称	步步高百货娄底店	备注	步步高百货娄底店 91431302451287996y 发票专用章
	纳税人识别号	91431302451287996y		
	地址、电话	娄底长青路12号，0738-5587669		
	开户行及账号	建行长青支行，1913010119024569756		

收款人：　　　复核：　　　开票人：　　　销货单位（章）

第三联：发票联购货方记账凭证

【业务 13-2】

湘丰制造有限公司现金付讫凭单

2019 年 12 月 12 日　　　　　　　　　　第　号

付款事由	报销办公用品	
金额（大写）	柒佰捌拾伍元叁角伍分	现金付讫
备注		

会计主管：　　　复核：　　　批准部门：　　　收款人：

---

14. 12 月 13 日，报销职工因公就医医药费 1 620 元，以现金支付。

【业务 14-1】

湘丰制造有限公司现金付讫凭单

2019 年 12 月 13 日　　　　　　　　　　第　号

付款事由	报销职工因公就医医药费	
金额（大写）	壹仟陆佰贰拾元整	现金付讫
备注		

会计主管：　　　复核：　　　批准部门：　　　收款人：

【业务 14-2】

娄底市第一医院门诊发票

发 票 联

姓名：王伟　　　　　　0243954

西　药	1150.00	材料费	20.00
中成药		治疗费	
中草药		B 超	
常规检查		CT	
核　磁		检验费	450.00
手术费		留观费	
输氧费		MRI	
高压氧		ECT	
输血费		自费	
合　计	人民币壹仟陆佰贰拾元整		

收款单位公章　　　　收费员：程丽

第二联：报销凭证

---

15. 12 月 15 日，向娄底市永宏公司（开户行：工行五一路分行。账号：1901722403823628201。地址、电话：五一路 18 号，0738-4632510。纳税人识别号：914313002270101322）销售儿童背心 3 500 件（单价 32 元）、男式背心 1 000 件（单价 48 元），增值税税率 13%，货款及税款以转账支票收取，存入银行。

【业务 15-1】

湖南增值税专用发票

4300172130　　　　№ 00087254　　4300172370
　　　　　　　　　　　　　　　　　00087254

此联不作报销、扣税凭证使用

开票日期：2019 年 12 月 15 日

购货单位	名　称：					密码区	2489-1<9-7-615962848<032 /52>9/29533-49741626<8-3024 >82906-222-476-666<7>2*-0/0> 6/78+6080*1101+4->0957<027/+7			
	纳税人识别号：									
	地址、电话：									
	开户行及账号：									
货物或应税劳务名称	规格型号	单位	数量	单价	金　额	税率	税额
*服装*儿童背心							
*服装*男式背心							
合　计							
价税合计（大写）					（小写）¥		
销货单位	名　称：					备注	湘丰制造有限公司 91431302789022221282 发票专用章
	纳税人识别号：						
	地址、电话：						
	开户行及账号：						

收款人：　　复核：　　开票人：　　销货单位（章）

第一联：记账联　销货方记账凭证

【业务 15-2】

银 行 进 账 单

2019 年 12 月 15 日　　　第 0001589 号

出票人	全　称		收款人	全　称	
	账　号			账　号	
	开户银行				

人民币（大写）

票据种类	转账支票	票据张数	1
票据号码			
款项来源	货款		

开户银行盖章：工商银行娄底支行 2019.12.15 转讫

---

16. 12 月 15 日，从娄底明光公司购进棉布 4 000 米，单价 9.9 元，计 39 600 元，明光公司代垫运杂费 400 元，材料按实际成本入账，货款未付。

【业务 16-1】

湖南增值税专用发票　　发票联

4300172130　　　№ 00015641　　430017130　00015641

开票日期：2019 年 12 月 15 日

购货单位	名　称	湘丰制造有限公司
	纳税人识别号	914313027890222182
	地址、电话	娄底市育才路 8 号，0738-6228779
	开户行及账号	工商银行娄底支行，19130101090024569896

密码区：
2489－1＜9－7－615962848＜032
/52＞9/29533－49741626＜8－3024
＞82906－222－476－666＜7＞2＊－0/0＞
6/78＋6080＊1101＋4－＞0957＜027/＋7

货物或应税劳务名称	规格型号	单位	数量	单价	金　额	税率	税　额
*纺织品*棉布		米	4000	9.90	39600.00	13%	5148.00
合　计					¥39600.00		¥5148.00

价税合计（大写）　肆万肆仟柒佰肆拾捌元整　　（小写）¥44748.00

销货单位	名　称	娄底明光公司
	纳税人识别号	91431108300100234y
	地址、电话	娄底市竹风路，0738-8361636
	开户行及账号	工商银行娄底支行，1906654500200768952

备注：娄底明光公司 91431108300100234y 财务专用章

收款人：　　复核：　　开票人：　　销货单位（章）

第三联：发票联　购货方记账凭证

【业务 16-2】

收 料 单

2019 年 12 月 15 日

供应单位：　　　　　　　　　　　　　　　　　　　　　　　　编号：1011
发票号码：　　　　　　　　　　　　　　　　　　　　　　　　仓库：一仓库

规格	材料名称	编号	数量 应收	数量 实收	单位	单价	实际价格（元）发票金额	实际价格（元）运杂费	合计 千	百	十	万	千	百	十	元	角	分
	棉布		4000	4000			39600.00	400.00				4	0	0	0	0	0	0
备注			验收人盖章				合计 40000.00											

第二联：会计部门

采购人：　　检验员：　　记账员：　　保管员：**李玉**

【业务 16-3】

湖南增值税专用发票

4300173570　　　　　　　№ 00015641　　　　　　　4300173570
　　　　　　　　　　　　　　　　　　　　　　　　　　0015641

开票日期：2019 年 12 月 15 日

购货单位	名　　称：	湘丰制造有限公司	密码区	2489－1＜9－7－615962848＜032/52＞9/29533－49741626＜8－3024＞82906－222－476－666＜7＞2*－0/0＞6/78+6080*1101+4－＞0957＜027/+7
	纳税人识别号：	914313027890222182		
	地址、电话：	娄底市育才路8号，0738-6228779		
	开户行及账号：	工商银行娄底支行，19130101090245 69896		

货物或应税劳务名称	规格型号	单位	数量	单价	金额	税率	税额
*运输服务*运费					400.00	9%	36.00
合　计					¥400.00		¥36.00

价税合计（大写）	肆佰叁拾陆元整	（小写）¥436.00

销货单位	名　　称：	娄底金谷运输公司	备注	娄底　湘K 0146
	纳税人识别号：	914311083001002829		
	地址、电话：	娄底市白塘路，0738-8361639		
	开户行及账号：	工商银行娄底支行，1906654500200768951		

收款人：　　复核：　　开票人：　　销货单位（章）

第三联：发票联　购货方记账凭证

17. 12月17日，签发支票，支付娄底华美汽车修理厂汽车修理费 10 382 元。

【业务 17-1】

中国工商银行
转账支票存根
10204430
000265379

附加信息 _____
_____
_____

出票日期 *2019* 年 *12* 月 *17* 日

收款人：	娄底华美汽车修理厂
金　额：	¥10 113.50
用　途：	支付修理费

单位主管　　会计

【业务 17-2】

湖南增值税专用发票
发票联

4300175350　　　　　　　　　　№ 0001568　　430175350　0015681

开票日期：2019 年 12 月 17 日

购货单位	名　称：	湘丰制造有限公司	密码区	2489－1＜9－7－615962848＜032 /52＞9/29533－49741626＜8－3024 ＞82906－222－476－666＜7＞2*－0/0＞ 6/78+6080*1101+4－＞0957＜027/+7
	纳税人识别号：	914313027890222182		
	地址、电话：	娄底市育才路8号，0738-6228779		
	开户行及账号：	工商银行娄底支行，19130101090245696896		

货物或应税劳务名称	规格型号	单位	数量	单价	金　额	税率	税　额
*劳务*维修费					8950.00	13%	1163.50
合　计					¥8950.00		¥1163.50

| 价税合计（大写） | 壹万零壹佰壹拾叁元整 | （小写）¥10113.50 |

销货单位	名　称：	娄底华美汽车修理厂	备注
	纳税人识别号：	914313024512879350	
	地址、电话：	娄底市月塘路12号，0738-5589999	
	开户行及账号：	建行长青支行，4313010119024569546	

收款人：　　　复核：　　　开票人：　　　销货单位（章）

第三联：发票联 购货方记账凭证

18. 12月22日，以银行存款支付娄底红日广告公司产品广告费8 500元，增值税510元。

【业务18-1】

中国工商银行
转账支票存根
10204430
000265380

附加信息

出票日期 2019年 12月 22日

收款人：	娄底红日广告公司
金　　额：	¥9010.00
用　　途：	支付广告费

单位主管　　会计

【业务18-2】

湖南增值税专用发票
发票联

4300172120　　　　№ 0001564　　4300172120
00065854

开票日期：2019年 12月 22日

购货单位	名　　称：	湘丰制造有限公司	密码区	2489－1＜9－7－615962848＜032 /52＞9/29533－49741626＜8－3024 ＞82906－222－476－666＜7＞2*－0/0＞ 6/78+6080*1101+4－＞0957＜027/+7
	纳税人识别号：	914313027890222182		
	地址、电话：	娄底市育才路8号，0738-6228779		
	开户行及账号：	工商银行娄底支行，1913010109024569896		

货物或应税劳务名称	规格型号	单位	数量	单价	金　额	税率	税　额
*文化创意服务*广告服务					8500.00	6%	510.00
合　　计					¥8500.00		¥510.00

| 价税合计（大写） | 玖仟零壹拾元整 | （小写）¥9010.00 |

销货单位	名　　称：	娄底红日广告公司	备注	（娄底红日广告公司 914311083001234823 发票专用章）
	纳税人识别号：	914311083001234823		
	地址、电话：	娄底市白塘路，0738-8361682		
	开户行及账号：	工商银行娄底支行，1906654500200768962		

收款人：　　　　复核：　　　　开票人：　　　　销货单位（章）

第三联：发票联　购货方记账凭证

19. 12月23日，银行转来邵阳市胜利工厂（开户行：中国建设银行邵阳市支行。账号：4375847236514952122。地址、电话：东风路453号，0739-6523478。纳税人识别号：914321058564789521）托收凭证，采购涤纶1 000米，单价4.8元，计4 800元，税额624元，购入丝绸400米，单价31.8元，计12 720元，税额1 653.6元，胜利工厂代垫运杂费280元，款项全部承付，运费按数量比例进行分配。

【业务19-1】

湖南增值税专用发票

4300172370
00065854

No 00065854

开票日期：2019年12月23日

购货单位	名 称：		密码区	2489－1<9－7－615962848<032 /52>9/29533－49741626<8－3024 >82906－222－476－666<7>2*－0/0> 6/78+6080*1101+4＞0957<027/+7	第三联：发票联　购货方记账凭证
	纳税人识别号：				
	地　址、电　话：				
	开户行及账号：				
货物或应税劳务名称	规格型号	单位	数量	单价	金额	税率	税额
*涤纶纤维*化学纤维	涤纶						
*刺纺工艺品*工艺品	丝绸						
合　计							
价税合计（大写）			（小写）		
销货单位	名　称：		备注	邵阳市胜利工厂 914321058564789521 发票专用章	
	纳税人识别号：				
	地　址、电　话：				
	开户行及账号：				
收款人：		复核：		开票人：	销货单位（章）

【业务19-2】

湖南增值税专用发票

4300172370
00065854

No 00065854

开票日期：2019年12月23日

购货单位	名　称：	湘丰制造有限公司	密码区	2489－1<9－7－615962848<032 /52>9/29533－49741626<8－3024 >82906－222－476－666<7>2*－0/0>*021> 6/78+6080*1101+4＞0957<027/+7	第三联：发票联　购货方记账凭证
	纳税人识别号：	914313027890222182			
	地　址、电　话：	娄底市育才路8号，0738-6228779			
	开户行及账号：	工商银行娄底支行，1913010109024569896			
货物或应税劳务名称	规格型号	单位	数量	单价	金额	税率	税额
交通运输服务*陆路运输服务					280.00	9%	25.20
合　计					¥280.00		¥25.20
价税合计（大写）	叁佰零伍元贰角整			（小写）¥305.20	
销货单位	名　称：	邵阳市公路运输公司	备注	邵阳　湘K0146 邵阳市公路运输公司 9143163024512879372 发票专用章	
	纳税人识别号：	914316302451287932			
	地　址、电　话：	邵阳市学府路12号，0739-5587569			
	开户行及账号：	建行学府路支行，4313010119024569123			
收款人：		复核：		开票人：	销货单位（章）

【业务 19-3】

托收凭证（汇款依据或收款通知）

受托日期　年　月　日

业务类型	受托收款（□邮划、□电划）		托收承付（□邮划、□电划）	
付款人	全称		收款人	全称
	账号			账号
	地址　　　开户行			地址　　　开户行
金额	人民币（大写）		亿千百十万千百十元角分	
款项内容	货款	托收凭据名称	发票合同	附寄单证张数　4
商品发运情况			合同名称号码	
备注：铁运 2017-3525	上列款项已划入你方账户 收款人开户银行签章 　　年　月　日		工商银行娄底支行 2019.12.23 转讫 　　年　月　日	
审核：记账				

此联付款人开户银行凭以汇款或收款人开户行收账通知

【业务 19-4】

费用分配表

年　月　日　　　　　　　　　　　　　　　　　　　单位：元

材料名称	分配标准（米）	分配率	金额
涤纶	1000		
丝绸	400		
合　计	1400		280.00

会计主管：　　　记账：　　　出纳：　　　制单：

20. 12 月 24 日，向星城市海利实业公司（开户行：中国工商银行星城支行。账号：191040102135186。地址、电话：星城市光大路 88 号，0731-7565385。纳税人识别号：914300354372261247 销售涤纶 1 000 米，单价 8 元，计 8 000 元，增值税税额 1 040 元，款项暂未收到。

【业务 20】

湖南增值税专用发票

4300172130
00012132

No 00012132

此联不作报销、扣税凭证使用　开票日期：2018 年 12 月 24 日

购货单位	名　　称：
	纳税人识别号：
	地址、电话：
	开户行及账号：

密码区：
2489－1＜9－7－615962848＜032
/52＞9/29533－49741626＜8－3024
＞82906－222－476－666＜7＞2*－0/0＞
6/78+6080*1101+4－＞0957＜027/+7

货物或应税劳务名称	规格型号	单位	数量	单价	金额	税率	税额
*化学纤维*涤纶							
合　计							

价税合计（大写）　　　　　　　　　　　　（小写）¥

销货单位	名　　称：
	纳税人识别号：
	地址、电话：
	开户行及账号：

备注

收款人：　　　复核：　　　开票人：　　　销货单位（章）

第一联：记账联　销货方记账凭证

---

21. 12 月 25 日，仓库转来验收单，从胜利工厂购进的涤纶 1 000 米、丝绸 400 米，验收入库。

【业务 21】

收 料 单

供应单位：　　　　　　　　　　　　　　　　　　　　　　　编号：1012
发票号码：　　　　　　　2019 年 12 月 25 日　　　　　　仓库：一仓库

规格	材料名称	编号	数量 应收	数量 实收	单位	单价	发票金额	运杂费	合计 千百十万千百十元角分
	涤纶		1000	1000	米		4800.00	200.00	5 0 0 0 0 0
	丝绸		400	400	米		12720.00	80.00	1 2 8 0 0 0 0

备注：　　验收人盖章：李金　　　　　合计 17800.00

采购员：　　检验员：　　记账员：　　保管员：李玉

第二联：会计部门

22. 12月25日，在销售产品过程中，领用丝绸30米，实际成本960元。

【业务22】

湘丰制造有限公司发出材料汇总表

2019年12月25日　　　　　　　　　　　　　　　　　　　　　　　　　　　单位：元

领用部门及用途		涤纶			棉布			丝绸			合计
^	^	数量	单价	金额	数量	单价	金额	数量	单价	金额	^
基本生产	儿童背心										
^	男式背心										
车间耗用 ||										
管理部门 ||										
销售部门 ||							30		960.00	960.00
合计 ||							30		960.00	960.00

会计主管：　　　　　记账：　　　　　保管员：李玉　　　　　制表：

---

23. 12月27日，开出电汇凭证偿还前欠明光公司货款46 376元。

【业务23】

中国工商银行

电 汇 凭 证

币别：　　　　　　　　　　年 月 日　　　　　　　凭证编号：0110093718

汇款方式		□普通	□加急									
汇款人	全 称		收款人	全 称								
^	账 号		^	账 号								
^	开户银行		^	开户银行								
金额	（大写）		百	十	万	千	百	十	元	角	分
^	工商银行娄底支行 2019.12.27 转讫	支付密码 _____ 附加信息及用途 _____ 此汇款支付给收款人 客户签章										

会计主管　　　　授权　　　　复核　　　　录入

此联是银行交付款人的支款凭证

24．12月28日，支付娄底市自来水公司11月水费。

【业务24-1】

中国工商银行
凭证
业务回单（付款）

日期：2019年12月27日　　　　回单编号：153400001

付款人户名：湘丰制造有限公司　　　　付款人开户行：中国工商银行娄底支行
付款人账号：1913010109024569896
收款人户名：娄底市自来水公司　　　　收款人开户行：中国建设银行娄底支行
收款人账号：4301052454678616389
金额合计（大写）：人民币柒万陆仟伍佰壹拾捌元整　　　小写：76,518.00
业务（产品）种类：转账　　　　凭证种类：0000000　　　　凭证号码：000000000000
摘要：水费　　　　用途：支付水费　　　　币种：人民币
交易机构：106500100180　　记账柜员：00156　　交易代码：52139　　渠道：网上银行

附言：
支付交易序号：56123078　报文种类：小额客户发起普通贷记业务，委托日期：2019-12-27
业务类型（种类）普通汇兑　指令编号：HQP1070013780　提交人：0920101905200002　c.1901
最终授权人：

本回单为第1次打印，注意重复　　打印日期：2019年12月27日　打印柜员：9　验证码：249F6ABRFB001

（中国工商银行娄底支行 自助回单专用章）

【业务24-2】

湖南增值税专用发票

4300172450　　　　　　　　　　　　　　　　　　　　　　　430172450
　　　　　　　　　　　　发票联　　　No 00011164　　　　00011164

开票日期：2019年12月25日

购货单位	名　　称：	湘丰制造有限公司	密码区	2489—1<9—7—61896284 8<032/52>9/29533-4974 1626<8-3024>82906-2 -47-6<7>2*—/>*6	加密版本 01 43000202425 00011164
	纳税人识别号：	91431302789022182			
	地址、电话：	娄底市育才路8号，0738-6228779			
	开户行及账号：	工商银行娄底支行，1913010109024569896			

货物或应税劳务名称	规格型号	单位	数量	单价	金　额	税率	税　额
*水冰雪*水		吨	18000	3.90	70200.00	9%	6138.00
合　计					¥70200.00		¥6138.00

价税合计（大写）	柒万陆仟伍佰壹拾捌元整	（小写）¥76518.00

销货单位	名　　称：	娄底市自来水公司	备注	914302355435548956 水费结算章
	纳税人识别号：	914302355435548956		
	地址、电话：	娄底市建设路87号，0738-5238648		
	开户行及账号：	建设银行娄底支行，4301052454678616389		

收款人：　　　　复核：　　　　开票人：王明　　　　销货单位（章）

【业务 24-3】

水 费 分 配 表

2019 年 12 月 27 日

部门	分配标准（吨）	分配率（%）	分配金额（元）
生产车间	11000	3.9	
行政管理部门	7000	3.9	
合　计	18000		

会计主管：　　　　记账：　　　　制表：

---

25. 12 月 25 日，收到银行转来电力公司托收凭证，付讫电费 42 375 元。

【业务 25-1】

中国工商银行 凭证

业务回单（付款）

日期：2019 年 12 月 25 日　　　回单编号：152600001

付款人户名：湘丰制造有限公司　　　付款人开户行：中国工商银行娄底支行
付款人账号：1913010109024569896
收款人户名：娄底市城区电力局　　　收款人开户行：中国建设银行月塘支行
收款人账号：431257861466389
金额合计（大写）：人民币肆万贰仟叁佰柒拾伍元伍整　　　小写：R42,375.00
业务（产品）种类：转账　　　凭证种类：0000000　　　凭证号码：000000000000
摘要：电费　　　用途：支付电费　　　币种：人民币
交易机构：106500100180　　　记账柜员：00156　　　交易代码：52139　　　渠道：网上银行

附言：
支付交易序号：56123078　报文种类：小额客户发起普通贷记业务，委托日期：2019-12-25
业务类型（种类）普通汇兑　指令编号：HQP1070013780　提交人：0920101905200002　c.1904
最终授权人：

（中国工商银行娄底支行 自助回单专用章 (001)）

本回单为第 1 次打印，注意重复　　打印日期：2019 年 12 月 25 日　　打印柜员：9　　验证码：249F6AERFB001

【业务 25-2】

湖南增值税专用发票

4300170450

No 00017654

430170450
00017654

开票日期：2019 年 12 月 25 日

购货单位	名　　称	湘丰制造有限公司				密码区	2489—1<9—7—61896284 8<032/52>9/29533-4974 1626<8-3024>82906-2 -47-6<7>2*—/>*>6		加密版本 01 43000204521 00017654
	纳税人识别号：	914313027890222182							
	地址、电话：	娄底市育才路 8 号，0738-6228779							
	开户行及账号：	工商银行娄底支行，1913010109024569896							
货物或应税劳务名称		规格型号	单位	数量	单价		金　　额	税率	税　　额
电			度	25000	1.50		37500.00	13	4875.00
合　　计							¥37500.00		¥4875.00
价税合计（大写）		肆万贰仟叁佰柒拾伍元整			（小写）¥42375.00				
销货单位	名　　称	娄底市电力公司				备注			
	纳税人识别号：	914302355435547856							
	地址、电话：	建设路 87 号，0738-5238648							
	开户行及账号：	娄底市建行月塘支行，431257861466389							

收款人：　　　　　复核：　　　　　开票人：李立　　　　　销货单位（章）

第三联：发票联　购货方记账凭证

【业务 25-3】

电 费 分 配 表

2019 年 12 月 25 日　　　　　　　　　　　　　　　　　　　　　　　单位：元

部　　门	分配标准（度）	分 配 率	分配金额
生产车间	14000	1.5	
行政管理部门	10000	1.5	
营销部门	1000	1.5	
合　　计	25000		

会计主管：　　　　　记账：　　　　　制表：

26．12月20日，支付银行短期借款利息。

【业务26】

中国工商银行存（贷）款利息回单

币种：人民币（本位币）　　　　　　2019年12月20日　　　　　　单位：元

付款人	户名	湘丰制造有限公司	收款人	户名	106578859878
	账号	1913010109024569896		账号	1903021250006300012
实收（付）金额		2360.00	计息户账号		1903021250010200302
借据编号			借据序号		
备注	起息日期	止息日期	积数/息余		
	调整利息：0.00	冲正利息：0.00			
	应收（付）利息合计：2360.00				

备注：已预提利息1572元。

工商银行娄底支行　2019.12.20　2360.00　转讫

27．12月29日，收到转账支票一张，系本月门面房租金收入，存入银行。

【业务27-1】

湖南增值税专用发票

4300172130　　　此联不作报销、抵扣税凭证使用　　No 00069787　　4300172130　00069787

开票日期：2019年12月27日

购货单位	名称	娄底市方泰有限公司	密码区	2489—1＜9—7—61596284　8＜032/52＞9/29533—4974　1626＜8—3024＞82906—2　—47—6＜7＞2*—/＞*＞6
	纳税人识别号	914313024512148505		
	地址、电话	娄底市育才路		
	开户行及账号	工商银行娄底支行，1913010109045762145		

货物或应税劳务名称	规格型号	单位	数量	单价	金额	税率	税额
经营租赁 不动产租赁服务					2400.00	9%	216.00
合计					￥2400.00		￥216.00

价税合计（大写）	贰仟陆佰壹拾陆元整		（小写）￥2616.00

销货单位	名称	湘丰制造有限公司	备注	娄底，育才路8号
	纳税人识别号	914313027890222182		
	地址、电话	娄底市育才路8号，0738-6228779		
	开户行及账号	工商银行娄底支行，1913010109024569896		

收款人：　　复核：　　开票人：陈姬　　销货单位（章）

第一联：记账联　销货方记账凭证

【业务27-2】

银 行 进 账 单（收账通知）

2019 年 12 月 29 日　　　　　　　　　　　　　　　　　　　　　第　号

出票人	全　称	娄底市方泰有限公司	收款人	全　称	湘丰制造有限公司
	账　号	1913010109045762145		账　号	1913010109024569896
	开户银行	工商银行娄底支行		开户银行	工商银行娄底支行

人民币 （大写）贰仟陆佰壹拾陆元整	千	百	十	万	千	百	十	元	角	分
				¥	2	6	1	6	0	0

票据种类	转账支票	票据张数	1
票据号码			
款项来源	租金		

（加盖：工商银行娄底支行 2019.12.29 转讫；开户银行盖章）

---

28. 12月30日，根据工资发放汇总表签发转账支票一张，金额为79 200元，发放工资。

【业务28-1】（假定无代扣款项）

2019年12月份工资发放汇总表

发放日期：2019 年 12 月 30 日　　　　　　　　　　　　　　单位：元

车间、部门		基本工资	津　贴	应发工资	实发工资
生产车间	生产儿童背心工人工资	24000.00	4000.00	28000.00	28000.00
	生产男式背心工人工资	22000.00	3600.00	25600.00	25600.00
车间管理人员		8000.00		8000.00	8000.00
公司管理人员		11200.00		11200.00	11200.00
销售人员		6400.00		6400.00	6400.00
合　计		71600.00	7600.00	79200.00	79200.00

会计主管：李菲　　复核：赵科　　制单：李珊

【业务 28-2】

```
中国工商银行
转账支票存根
10204430
000265386

附加信息ーーーーーーーーー
　　　　ーーーーーーーーー
　　　　ーーーーーーーーー

出票日期 2019 年 12 月 30 日
收款人：湘丰制造有限公司
　　　　工资户
金　额：¥79200.00
用　途：支付工资
单位主管　　会计
```

【业务 29】 结转未发增值税

30．12 月 30 日，计算本月应交城建税、教育费附加。

【业务 30】

应交税费及附加计算表

2018 年 12 月 30 日

项　目	计税依据	计税金额	计算标准	应交税额
应交增值税	销项税额			
	进项税额			
应交城建税	应交增值税税额		7%	
应交教育费附加			4.5%	

会计主管：　　　　记账：　　　　制表：陈浩

附加税计提表

2019 年 12 月 31 日　　单位：元

序号	项　目	计提基数	税　率	金　额
1	城市维护建设税	3042.35	7%	212.96
2	教育费附加	3042.35	3%	91.27
3	地方教育费附加	3042.35	2%	60.85
合计				365.08

31. 12月31日，根据工资分配汇总表分配工资。

【业务 31】

2019 年 12 月份工资分配汇总表

编制日期：2019 年 12 月 31 日　　　　　　　　　　　　　　　　　单位：元

车间、部门		基本工资	津　贴	应发工资	实发工资
生产车间	生产儿童背心工人工资	24000.00	4000.00	28000.00	28000.00
	生产男式背心工人工资	22000.00	3600.00	25600.00	25600.00
车间管理人员		8000.00		8000.00	8000.00
公司管理人员		11200.00		11200.00	11200.00
销售人员		6400.00		6400.00	6400.00
合　计		71600.00	7600.00	79200.00	79200.00

复核：赵科　　　　　　　　　　　　　制单：刘荣

32. 12月31日，根据固定资产折旧计算表提取固定资产折旧费 8 200 元。

【业务 32】

固定资产折旧计算表

2019 年 12 月 31 日　　　　　　　　　　　　　　　　　单位：元

项　目	固定资产类别	固定资产月初原值	月折旧率	月折旧额
基本生产车间	房　屋	500000.00	0.3%	
	机器设备	1000000.00	0.47%	
行政管理部门	房　屋	400000.00	0.3%	
	机器设备	100000.00	0.8%	
合　计		2000000.00		

会计主管：　　　　　　记账：　　　　　　制表：陈浩

33. 12月31日，根据制造费用分配表结转制造费用。

【业务 33】

制造费用分配表

年　月　日　　　　　　　　　　　　　　　　　单位：元

分配对象	分配标准（工时）	分配率	分配金额
儿童背心	2600		
男式背心	1400		
合　计	4000		

会计主管：　　　　　　记账：　　　　　　制表：陈浩

34．12月31日，根据完工产品成本计算单结转本月完工产品成本（儿童背心 8 195 件全部完工，男式背心 2 827 件全部完工）。

【业务 34】

完工产品成本计算单

年　月　日　　　　　　　　　　　　　　　　　　　　单位：元

成本项目	儿童背心（8195件）		男式背心（2827件）	
	总成本	单位成本	总成本	单位成本
直接材料				
直接人工				
其他直接支出				
制造费用				
合　计		15.00		25.00

会计主管：　　　　记账：　　　　制表：陈浩

35．12月31日，结转本月发出产品成本。

【业务 35】

已销产品成本计算单

年　月　日　　　　　　　　　　　　　　　　　　　　单位：元

产品名称	计量单位	月初结存		本月入库		本月销售		期末结存	
		数量	总成本	数量	总成本	数量	总成本	数量	总成本
儿童背心	件	1200	18000.00						
男式背心	件	600	15000.00						
合　计			33000.00						

会计主管：　　　　记账：　　　　制表：

36. 12月31日，企业进行盘点，发现短缺涤纶500米，单价5元。报经相关部门批准后进行如下处理：正常损耗5米列作管理费用，另495米为非正常损失，其中，向保险公司索赔320米，要求保管员李玉赔偿50米，其他损失作为营业外支出。

【业务36】

湘丰制造有限公司财产物资盘盈盘亏报告单

类别：　　　　计量单位：米　　　　　年　月　日　　　　　　　　　　金额单位：元

编号	名称	实存		账存		盘盈		盘亏		备注
		数量	金额	数量	金额	数量	金额	数量	金额	
	涤纶							500	2500.00	

短缺原因：人为事故　　　　　　　　　　　　　　　　审批意见：同意
　　　　　　　　　　　　　　　　　　　　　　　　　生产副厂长：朱一凡（章）

主管：　　　　　　　会计：　　　　　　　制表：

---

37. 12月31日，收到娄底玉辉棉纺厂因违反购销合同而支付的赔款6 000元。

【业务37】

银 行 进 账 单（收账通知）

2019年12月31日　　　　　　　　　　　　　　　　　　第　号

出票人	全称	娄底玉辉棉纺厂	收款人	全称	湘丰制造有限公司	此联是银行交收款人的收账通知
	账号	43001540069052501166		账号	1913010109024569896	
	开户银行	建行育才支行		开户银行	工行娄底支行	
人民币（大写）陆仟元整					千百十万千百十元角分　¥ 6 0 0 0 0 0	
票据种类	转账支票	票据张数	1	转讫			
票据号码							
款项来源	赔款			开户银行盖章			

38. 12月31日，开出转账支票1 000元，捐赠给本市希望工程。

【业务38-1】

中国工商银行
转账支票存根
10204430
000265391

附加信息

出票日期 *2019*年 *12*月 *31*日

收款人：	中国青少年发展基金会娄底站
金 额：	¥1000.00
用 途：	捐赠

单位主管　　会计

【业务38-2】

湖南省事业性收费收款收据

交款单位：湘丰制造有限公司　　2019年 12 月 31 日　　№ 0233268

收费项目	收费标准	金　额							
		千	百	十	万	千	百	十	元	角	分
					1	0	0	0	0	0
		¥	1	0	0	0	0	0

合计金额（大写）壹仟元整

收款单位盖章（未盖章无效）：　　会计主管：　　收款人：

39. 12月31日，结转销售材料的实际成本5 000元。

【业务39】

材料销售成本计算表

*2019*年 *12*月 *31*日

材料名称	计量单位	数　量	单　价	金　额

主管：　　会计：　　制表：

40．12月31日，将本月损益类账户结转至本年利润。

【业务40】

企业损益类账户余额表

年　月　日　　　　　　　　　　　　　　　　　　　　　　　单位：元

项　　目	金　　额
主营业务收入	
主营业务成本	
营业税金及附加	
其他业务收入	
其他业务成本	
营业外收入	
营业外支出	
管理费用	
销售费用	
财务费用	
合　　计	

41．12月31日，根据利润总额按所得税税率25%计算应交所得税额（假设没有纳税调整项目）。

【业务41】

应交所得税额

2019年12月31日　　　　　　　　　　　　　　　　　　　单位：元

项　　目		税　率	金　　额
利润总额			
纳税调整项目	1.		
	2.		
	3.		
	4.		
应纳税所得额			
应纳所得税额		25%	

复核：*陈珊*　　　　　　　制表：*李小丽*

42．结转一年利润至利润分配。

43．12月31日，按净利润的10%提取法定盈余公积，按净利润的5%提取任意盈余公积，向投资者分配利润10万元。

【业务43】

利润分配表

年　月　日

摘　　要	金　额（元）
一、全年实现利润总额	
应交所得税	
已交所得税	
二、税后利润	
三、分配情况	
提取法定盈余公积	
提取任意盈余公积	
向投资者分配利润	
四、未分配利润	

44．12月31日，结转已分配利润。

【业务44】

利润分配有关明细账户结转表

年　月　日

项　目	利润分配（未分配利润）	合　计
利润分配	盈余公积	
	应付利润	
	未分配利润	
合　计		

实训要求

1．根据实训资料表9-2开设总账，并登记期初余额。

2．根据实训资料表9-2至表9-5开设现金日记账、银行存款日记账，以及原材料、生产成本、库存商品、其他应收款、应收账款、应付账款等明细账（其他明细账略）。

3．根据实训资料填制并审核相关原始凭证。

4．根据原始凭证编制通用记账凭证。

5．根据记账凭证逐笔登记现金日记账和银行存款日记账。

6．根据记账凭证及原始凭证登记有关明细账。

7．根据记账凭证每10天汇总编制科目汇总表。

8. 根据科目汇总表登记总账。
9. 对账：月终，进行账账、账证、账实核对。
10. 结账：进行结账，包括月结和年结。
11. 编制资产负债表。
12. 编制 12 月和 2019 年年度的利润表。
13. 按要求将会计凭证和账表整理，加装封面，装订成册。

附录 A　　技能综合测试题（第一套）

考试时量：60 分钟

一、测试要求

（一）完成下列账户的设置、登记及结账工作（结账时必须结出本月合计）（15 分）

1. 银行存款日记账。（8 分）
2. "库存商品——电焊机"明细账。（7 分）

（二）根据本期发生的经济业务填制、审核会计凭证（45 分）

1. 根据业务 1 补充填写空白的原始凭证（借款单）。（5 分）
2. 根据业务 1 至业务 10 编制记账凭证，其中"应交税费——应交增值税""原材料""其他应收款""库存商品"填写明细科目，其他科目可以不填写明细科目，记账凭证各要素应填写齐全。（40 分）

（三）编制科目汇总表（20 分）

（四）整理装订会计资料（10 分）

1. 以制单人的身份整理装订会计凭证并填写凭证封面。
2. 未装订的单据与日记账、明细账、总账一起按顺序整理、夹好，并和记账凭证一并装于档案袋中。

（五）职业素养（10 分）

1. 会计书写规范。
2. 考试结束后，注意考试用具摆放整齐，保持桌面及周围环境的整洁。

二、考试资料

（一）企业基本情况

企业名称及所属行业	娄底光明电焊机公司，制造业
主要业务及产品类型	生产电焊机一种产品
联系电话及单位地址	0738-8224266（兼传真），娄底市芙蓉路 118 号
法人代表及联系电话	刘彬，0738-8222331（兼传真）
注册资金及记账本位币	10 万元，人民币（RMB）
开户银行及账号	中国建设银行芙蓉路支行，4367055506660 888216
纳税人识别号	91301020506781681
适应税率（附加率）	增值税税率 13%、企业所得税税率 25%
主要会计岗位及人员	李强（会计主管）、陈可（记账员）、李林（审核）、张莉（制单会计）、赵海（出纳）
组织机构	财务部、管理部、销售部、生产部、技术部

（二）娄底光明电焊机公司 2019 年 8 月 31 日总账账户余额表

2019 年 8 月 31 日总账账户余额表

单位：元

科目名称	方向	余 额	科目名称	方向	余 额
库存现金	借	1000.00	累计折旧	贷	60000.00
银行存款	借	160000.00	应交税费	贷	5000.00
原材料	借	6000.00	实收资本	贷	100000.00
库存商品	借	18000.00	本年利润	贷	120000.00
固定资产	借	100000.00			
合计	借	285000.00	合计	贷	285000.00

（三）明细账资料

库存商品明细账

商品名称	计量单位	单位成本（元/台）	数量	金额（元）
电焊机	台	6000.00	3	18000.00
合计				18000.00

（四）2019 年 9 月发生的经济业务

【业务 1】

2019 年 9 月 3 日，管理部门王敏因公出差借款 500 元，以现金支付。要求：填写借款单。

借 款 单

___年___月___日

借款单位		借款人	
借款事由			
金额	人民币		￥_____

会计主管：　　　　　　出纳：　　　　　　领款人：

（现金付讫）

【业务2-1】

湖南增值税专用发票
发票联

No 00218856

43000452045
00218856

开票日期：2019年9月6日

购货单位	名称	娄底光明电焊机公司	密码区	2488－1＜9－7－61596274 8 ＜ 032/52 ＞ 9/29536 － 49741626＜8－3024＞82906－ 2－47－6＜7＞2*－/＞*＞6/
	纳税人识别号	914301020506781681		
	地址、电话	娄底市芙蓉路118号，0738-8224266		
	开户行及账号	建设银行芙蓉路支行，4367055506660888216		

货物或应税劳务名称	规格型号	单位	数量	单价	金额	税率	税额
黑色金属冶炼压延品 钢板	3MM	千克	100	200.00	20000.00	13%	2600.00
合计					¥20000.00		¥2600.00

价税合计（大写）	贰万贰仟陆佰元整	（小写）¥22600.00

销货单位	名称	娄底湘江物资公司	备注	娄底湘江物资公司 914301201458487627 发票专用章
	纳税人识别号	914301020145848627		
	地址、电话	娄底市五一路66号，0738-8287528		
	开户行及账号	工行五一路分理处，9558801901104809049		

收款人：邱响　　复核：陈林　　开票人：赖立　　销货单位（章）

【业务2-2】

湖南增值税专用发票
抵扣联

No 00218856

43000452045
00218856

开票日期：2019年9月6日

购货单位	名称	娄底光明电焊机公司	密码区	2488－1＜9－7－61596274 8 ＜ 032/52 ＞ 9/29536 － 49741626＜8－3024＞82906－ 2－47－6＜7＞2*－/＞*＞6/
	纳税人识别号	914301020506781681		
	地址、电话	娄底市芙蓉路118号，0738-8224266		
	开户行及账号	建设银行芙蓉路支行，4367055506660888216		

货物或应税劳务名称	规格型号	单位	数量	单价	金额	税率	税额
黑色金属冶炼压延品 钢板	3MM	千克	100	200.00	20000.00	13%	2600.00
合计					¥20000.00		¥2600.00

价税合计（大写）	贰万贰仟陆佰元整	（小写）¥22600.00

销货单位	名称	娄底湘江物资公司	备注	娄底湘江物资公司 914301201458487627 发票专用章
	纳税人识别号	914301020145848627		
	地址、电话	娄底市五一路66号，0738-8287528		
	开户行及账号	工行五一路分理处，9558801901104809049		

收款人：邱响　　复核：陈林　　开票人：赖立　　销货单位（章）

【业务 2-3】

```
中国工商银行
转账支票存根
10204430
000265275

附加信息ˍˍˍˍˍˍˍˍˍˍˍˍˍˍˍˍ
ˍˍˍˍˍˍˍˍˍˍˍˍˍˍˍˍˍˍˍˍˍˍ

出票日期 2019 年 9 月 6 日
收款人：娄底湘江物资公司
金    额：¥22600.00
用    途：支付货款

单位主管      会计
```

【业务 2-4】

收 料 单

供应单位：娄底湘江物资公司　　　　　　　　　　　　　　编　号：028
发票号码：00218856　　　　　　2019 年 9 月 6 日　　　　　仓库：一仓库

规格	材料名称	编号	数量 应收	数量 实收	单位	实际价格（元） 单价	实际价格（元） 发票金额	运杂费	合计 千	百	十	万	千	百	十	元	角	分
3MM	钢板		100	100	千克	200.00	20000.00				2	0	0	0	0	0	0	

备 注	验收人盖章	杨 凡	合计¥20000.00

第二联：会计部门

审核 李林　　　　　　　　　　　　　　　　　　制单 张莉

【业务 3-1】

差旅费报销单

单位名称：娄底光明电焊机公司　　　　填报日期：2019 年 9 月 10 日　　　　单位：元

姓名	王敏	职级	办公室主任	出差事由	因公出差	出差时间	计划 3 天 实际 3 天	备注
日期		起止地点		车、船票		其他费用		
月	日	起	止	类别	金额	项目	标准	计算天数	核报金额
9	3	娄底	长沙	车	100.00	住宿费 包干报销	100.00	2	200.00
9	6	长沙	娄底	车	100.00	住宿费 限额报销			
						伙食补助费	10.00	3	30.00
						车船补助费			
						其他杂支			
		小 计			200.00	小 计			230.00
总计金额	人民币肆佰叁拾元整					预支 500.00	核销 430.00	退还 70.00

主管：李强　　　部门：管理部门　　　审核：李林　　　填报人：王敏

附录A 技能综合测试题（第一套）

【业务3-2】

收　　据

2019年9月10日　　　　　　　　　第　　号

今收到　王敏								
人民币（大写）：柒拾元正		万	千	百	十	元	角	分
					￥	7	0	0
事由：交来借支差旅费余额		现金						
收款单位		财务负责人		收款人 赵海				

（现金收讫章）

第三联：收据

【业务4-1】

湖南增值税专用发票

43000452067

此联不作报销、抵扣税凭证使用　　　No 00069785　　43000452045 00218856

开票日期：2019年9月23日

购货单位	名　　称：	娄底鹏辉修理公司	密码区	2488－1＜9－7－615962748＜ 032/52＞9/29536－49846623＞ *1561626＜8－3043＞82906－2 －47－6＜7＞2*－/＞*＞6/123
	纳税人识别号：	914309015060933621		
	地址、电话：	娄底市新星南路48号，0738-8230580		
	开户行及账号：	建行长青支行，4367056753846863218		

货物或应税劳务名称	规格型号	单位	数量	单价	金额	税率	税额
*焊接设备*电焊机		台	2	10000.00	20000.00	13%	2600.00
合计					￥20000.00		￥2600.00

价税合计（大写）	贰万贰仟陆佰元整			小写￥23200.00

销货单位	名　　称：	娄底光明电焊机公司
	纳税人识别号：	914301020506781681
	地址、电话：	娄底市芙蓉路118号，0738-8224266
	开户行及账号：	建设银行芙蓉路支行，4367055506660888216

（娄底光明电焊机公司 914301020506781681 发票专用章）

收款人：赵海　　复核：李林　　开票人：陈可　　销货单位（章）

第一联：记账联　销货方记账凭证

【业务4-2】

银　行　进　账　单

2019年9月23日　　　　　　　　第0001589号

出票人	全　称	娄底鹏辉修理公司	收款人	全　称	娄底光明电焊机公司
	账　号	4367056753846863218		账　号	4367055506660888216
	开户银行	建行长青支行		开户银行	建设银行芙蓉路支行

人民币 （大写） 贰万贰仟陆佰元整		万	千	百	十	元	角	分
		￥	2	2	6	0	0	0

（工商银行娄底支行 2019.09.23 转讫）

票据种类	转账支票	票据张数	1	转讫
票据号码				
款项来源	货款		开户银行盖章	

221

【业务 4-3】

销售商品发货单

购货单位：娄底鹏辉修理公司　　　　　2019 年 9 月 23 日

货号	名称	单位	数量	单价	金额							
					十	万	千	百	十	元	角	分
	电焊机	台	2	10000.00		2	0	0	0	0	0	0
合计												

销售部门负责人：赵荔　　　　　　　发货人：王靖

【业务 5】

发料凭证汇总表

2019 年 9 月 30 日　　　　　　　　　　　　　　　单位：元

领料部门	钢板（材料）			合计
	数量（张）	单价	金额	
产品生产	50	200.00	10000.00	10000.00
车间一般消耗	30	200.00	6000.00	6000.00
厂部管理部门	20	200.00	4000.00	4000.00
合　计	100		20000.00	20000.00

【业务 6】

固定资产折旧计算表

2019 年 9 月 30 日　　　　　　　　　　　　　　　单位：元

使用部门或用途	月初固定资产原值	月折旧率	月折旧额
生产车间	60000.00	0.6%	360.00
厂部管理部门	40000.00		240.00
合　计	100000.00		600.00

会计主管：李强　　复核：李林　　记账：陈可　　制单：张莉

【业务 7】

已销产品成本计算表

2019 年 9 月 30 日　　　　　　　　　　　　　　　　　　　　　　　　　　　单位：元

产品名称	计量单位	销售数量	单位成本	总成本
电焊机	台	2	6000.00	12000.00
合计				12000.00

会计主管：李强　　　审核：李林　　　制表：张莉

【业务 8】

工资费用分配表

2019 年 9 月 30 日　　　　　　　　　　　　　　　　　　　　　　　　　　　单位：元

应借科目	直接计入	分配计入			工资费用合计
		生产工时	分配率	分配金额	
生产成本	60000.00				60000.00
管理费用	15000.00				15000.00
销售费用	5000.00				5000.00
合　　计	80000.00				80000.00

人资处主管：刘亮　　审核：张红　　制表：王明　　会计主管：李平　　核算：彭军

【业务 9】

中国工商银行 现金支票存根 10204430 00026524	中国工商银行 转账支票　10204430　00026524
附加信息	出票日期（大写）：贰零壹玖年零玖月叁拾日　　付款行名称：工商银行娄底支行
	收款人：娄底光明电焊机公司　　出票人账号：1913010109024569896
出票日期 2019 年 9 月 30 日	人民币（大写）：贰万陆仟元整　　¥260000 00
收款人：娄底光明电焊机公司	用途：_____ 　　密码：
金　额：¥26000.00	上列款项请从我账户内支付　复核　记账
用　途：还欠款	出票人签章　　刘晨印　　湘丰制造有限公司 914313027890222182 财务专用章
单位主管　会计	

附录 A　技能综合测试题（第一套）

【业务 10-1】

湖南通用机打发票
娄底市天红百货有限公司
发票联

发票代码 143001631830
发票号码 27429856

开票日期：2018 年 9 月 30 日　　　行业分类：货物销售

付款方名称	娄底光明电焊机公司	地址及电话		税号登记证号	430102050678168	
品名或项目	规格或说明	单位	数量	单价	金额	
钢笔		支	5	15.00	75.00	
圆珠笔		支	10	6.00	60.00	
笔记本		个	20	4.00	80.00	
人民币（大写）	贰佰壹拾伍元整					
销货单位	娄底市天红百货有限公司			税号登记证号	91431300578641111y	

第一联：发票联（手开无效）

开票人：张立　　　收款人：陈海　　91431300578641111y

【业务 10-2】

娄底光明电焊机公司现金付讫凭单

2019 年 09 月 30 日　　　　　　　　　　第　　号

付款事由	报销办公用品	
金额（大写）贰佰壹拾伍元整		现金付讫
备注：		

会计主管：　　　复核：　　　批准部门：　　　收款人：

附录 B　　技能综合测试题（第二套）

考试时量：60 分钟

一、注意事项

1．开设账簿时，在"摘要"栏里填写"承前页"。
2．考试结束后，注意考试用具摆放整齐，保持桌面及周围环境的整洁。

二、测试要求

（一）职业素养（10 分）
1．会计书写规范。
2．会计档案卷面保持整洁，任务完成后，整齐摆放操作工具及凳子，保持工作台面整洁。
（二）根据给定的记账凭证开设并登记银行存款日记账和"应交税费——应交增值税"明细账，并进行月结（20 分）
（三）根据给定的记账凭证编制科目汇总表（30 分）
（四）开设银行存款总账，根据科目汇总表登记并进行月结（10 分）
（五）编制银行存款余额调节表（假定上月无未达账项，开户银行和本单位的账户记录无差错，银行存款余额完全一致）（30 分）

三、考试资料

（一）企业基本情况

企业名称及所属行业	湘丰制造有限公司，制造业
主要业务及主要产品	和泥机
单位地址及电话号码	娄底市育才路 8 号，0738-6228779
开户银行及账号	工商银行娄底支行，1913010109024569896
纳税人识别号	914313027890 222182
适应税率	增值税税率 13%、企业所得税税率 25%、城建税税率 7%、教育费附加税率 5%
主要会计岗位及人员	陈立（会计主管）、吴才（记账员）、李小丽（制单会计）、刘平（出纳）
组织机构	厂办、生产车间、销售部、财务部

(二)湘丰制造有限公司 2019 年 9 月编制的部分记账凭证（假定根据经济业务编制的记账凭证均审核无误）

记 账 凭 证

2019 年 9 月 2 日　　　　　　　　　　　　　　　　　记 字第 1 号

摘要	会计科目		借方金额									贷方金额									记账
	总账科目	明细科目	千	百	十	万	千	百	十	元	角	分	千	百	十	万	千	百	十	元	角	分	(签章)
提现备用	库存现金					3	0	0	0	0	0	0											
附支票号码 02591326	银行存款															3	0	0	0	0	0	0	
合　计						¥ 3	0	0	0	0	0	0				¥ 3	0	0	0	0	0	0	

附件 1 张

会计主管　陈立　　　　出纳　刘平　　　　审核　吴才　　　　制单　李小丽

记 账 凭 证

2019 年 9 月 2 日　　　　　　　　　　　　　　　　　记 字第 2 号

摘要	会计科目		借方金额									贷方金额									记账
	总账科目	明细科目	千	百	十	万	千	百	十	元	角	分	千	百	十	万	千	百	十	元	角	分	(签章)
销售产品	银行存款				5	6	5	0	0	0	0												
附进账单	主营业务收入														5	0	0	0	0	0	0		
	应交税费	增值税（销）														6	5	0	0	0	0		
合　计					¥ 5	6	5	0	0	0	0				¥ 5	6	5	0	0	0	0		

附件 3 张

会计主管　陈立　　　　出纳　刘平　　　　审核　吴才　　　　制单　李小丽

附录 B 技能综合测试题（第二套）

记 账 凭 证

2019 年 9 月 10 日　　　　　　　　　　　　　记 字第 3 号

摘要	会计科目		借方金额	贷方金额	记账（签章）
	总账科目	明细科目	千百十万千百十元角分	千百十万千百十元角分	
支付住房公积金	其他应付款		2 1 6 2 5 0 0		
支付住房公积金	应付职工薪酬		2 1 6 2 5 0 0		
附转账支票号 668945	银行存款			4 3 2 5 0 0 0	
合　　计			¥ 　 4 3 2 5 0 0 0	¥ 　 4 3 2 5 0 0 0	

附件 2 张

会计主管　陈立　　出纳　刘平　　审核　吴才　　制单　李小丽

记 账 凭 证

2019 年 9 月 12 日　　　　　　　　　　　　　记 字第 4 号

摘要	会计科目		借方金额	贷方金额	记账（签章）
	总账科目	明细科目	千百十万千百十元角分	千百十万千百十元角分	
支付前欠货款	应付账款	大明公司	1 6 0 0 0 0 0		
附信汇凭证	银行存款			1 6 0 0 0 0 0	
合　　计			¥ 　 1 6 0 0 0 0 0	¥ 　 1 6 0 0 0 0 0	

附件 1 张

会计主管　陈立　　出纳　刘平　　审核　吴才　　制单　李小丽

记 账 凭 证

2019 年 9 月 15 日　　　　　　　　　　　　　记 字第 5 号

摘要	会计科目		借方金额	贷方金额	记账（签章）
	总账科目	明细科目	千百十万千百十元角分	千百十万千百十元角分	
借支差旅费	其他应收款	李方	1 0 0 0 0 0		
附现金支票号 21213556	银行存款			1 0 0 0 0 0	
合　　计			¥ 　　 1 0 0 0 0 0	¥ 　　 1 0 0 0 0 0	

附件 1 张

会计主管　陈立　　出纳　刘平　　审核　吴才　　制单　李小丽

233

附录 B 技能综合测试题（第二套）

记 账 凭 证

2019 年 9 月 18 日　　　　　　　　　　记　字第　6　号

摘要	会计科目		借方金额	贷方金额	记账(签章)
	总账科目	明细科目	千百十万千百十元角分	千百十万千百十元角分	
采购材料	原材料	铸造生铁	8 6 6 0 0 0		
采购材料	应交税费	增值税（进）	1 1 2 8 6 0		
附电汇凭证	银行存款			9 7 8 5 8 0	
	合　　计		¥ 9 7 8 5 8 0	¥ 9 7 8 5 8 0	

附件 3 张

会计主管　陈立　　　出纳　刘平　　　审核　吴才　　　制单　李小丽

记 账 凭 证

2019 年 9 月 30 日　　　　　　　　　　记　字第　7　号

摘要	会计科目		借方金额	贷方金额	记账(签章)
	总账科目	明细科目	千百十万千百十元角分	千百十万千百十元角分	
支付水费	制造费用		1 5 0 0 0 0		
支付水费	管理费用		5 0 0 0 0		
支付水费	应交税费	增值税（进）	1 8 0 0 0		
附委托收款凭证	银行存款			2 1 8 0 0 0	
	合　　计		¥ 2 1 8 0 0 0	¥ 2 1 8 0 0 0	

附件 3 张

会计主管　陈立　　　出纳　刘平　　　审核　吴才　　　制单　李小丽

记 账 凭 证

2019 年 9 月 30 日　　　　　　　　　　记　字第　8　号

摘要	会计科目		借方金额	贷方金额	记账(签章)
	总账科目	明细科目	千百十万千百十元角分	千百十万千百十元角分	
完工产品入库	库存商品	和泥机	7 1 5 1 7 0 0		
	生产成本	和泥机		7 1 5 1 7 0 0	
	合　　计		¥ 7 1 5 1 7 0 0	¥ 7 1 5 1 7 0 0	

附件 2 张

会计主管　陈立　　　出纳　刘平　　　审核　吴才　　　制单　李小丽

235

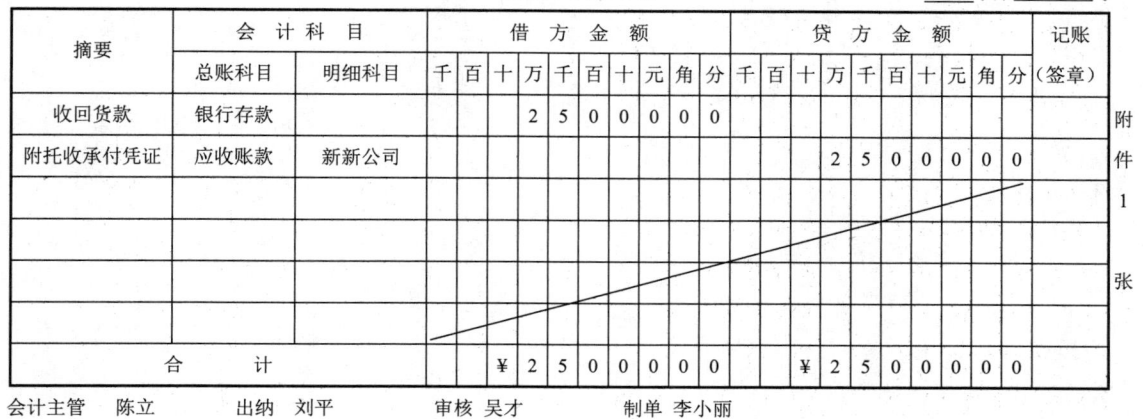

附录 B　技能综合测试题（第二套）

记 账 凭 证

2019 年 9 月 30 日　　　　　　　　　记　字第　9　号

摘要	会计科目		借方金额	贷方金额	记账
	总账科目	明细科目	千百十万千百十元角分	千百十万千百十元角分	(签章)
收回货款	银行存款		2 5 0 0 0 0 0		
附托收承付凭证	应收账款	新新公司		2 5 0 0 0 0 0	
	合　　计		¥ 2 5 0 0 0 0 0	¥ 2 5 0 0 0 0 0	

会计主管　陈立　　　出纳　刘平　　　审核　吴才　　　制单　李小丽

记 账 凭 证

2019 年 9 月 30 日　　　　　　　　　记　字第　10　号

摘要	会计科目		借方金额	贷方金额	记账
	总账科目	明细科目	千百十万千百十元角分	千百十万千百十元角分	(签章)
现金存入银行	银行存款		1 0 0 0 0 0 0		
附缴款单	库存现金			1 0 0 0 0 0 0	
5896					
	合　　计		¥ 1 0 0 0 0 0 0	¥ 1 0 0 0 0 0 0	

会计主管　陈立　　　出纳　刘平　　　审核　吴才　　　制单　李小丽

（三）湘丰制造有限公司 2019 年 9 月银行对账单

中国工商银行娄底支行对账单

户名：湘丰制造有限公司

账号：1913010109024569896　　　　　　　　　　　　　　　　　第 1351 页

2018 年		摘要	结算凭证		借方	贷方	余额
月	日		种类	号数			
9	1	承上月余额					250000.00
	2	现金支出	现支	02591326	3000.00		247000.00
	2	现金收款	进账单			56500.00	305500.00
	10	现金支出	转支	668945	43250.00		262250.00

237

续表

2018年		摘要	结算凭证		借方	贷方	余额
月	日		种类	号数			
	12	现金支出	信汇		16000.00		246250.00
	15	现金支出	现支	21213556	1000.00		245250.00
	18	现金支出	电汇		9785.80		235117.80
	20	现金支出	收费凭证		25.00		235092.80
	21	现金收款	利息清单			1840.00	236932.80
	30	现金支出	委收		2180.00		234672.80
	30	现金收款	托收			25000.00	259672.80
	30	现金收款	缴款单	5896		10000.00	269672.80

银行存款余额调节表

编制日期： 年 月 日

企业银行存款日记账		银行对账单	
项　目	金　额	项　目	金　额
银行存款日记账余额		银行对账单余额	
加：银行已收，企业未收		加：企业已收，银行未收	
减：银行已付，企业未付		减：企业已付，银行未付	
调节后余额		调节后余额	

编制人：

附录 C 技能综合测试题（第三套）

考试时量：60 分钟

一、测试要求

（一）职业素养（10 分）

1. 会计书写规范。
2. 考试结束后，注意考试用具摆放整齐，保持桌面及周围环境的整洁。

（二）编制资产负债表（70 分）

根据给定的清泉食品加工有限责任公司账户的期初余额资料与2020年1月的科目汇总表，以"会计主管"的身份编制该企业2020年1月的资产负债表。

（三）编制利润表（20 分）

根据给定的清泉食品加工有限责任公司账户的期初余额资料与2020年1月的科目汇总表，以"会计主管"的身份编制该企业2020年1月的利润表。

二、考试资料

（一）企业基本情况

企业名称及所属行业	清泉食品加工有限责任公司，制造业
主要业务及产品类型	生产、销售饼干等食品
单位地址	娄底市清泉路125号
联系电话	0738-8564203
开户银行及账号	中国工商银行清泉支行，4301119870461472243
纳税人识别号	914303247511042111
适应税率	增值税税率16%、城建税税率7%、教育费附加税率4.5%
主要会计岗位及人员	赵文（制单会计）、王平（会计主管）、周万（出纳）

（二）清泉食品加工有限责任公司 2019 年 12 月 31 日账户余额

单位：元

账户名称		借方金额		贷方金额	
总账	明细账	总账	明细账	总账	明细账
库存现金		2200.00			
银行存款		299000.00			
应收账款		50000.00			
应收账款	大明公司		50000.00		
原材料		51000.00			
原材料	白糖（吨）		10000.00		
原材料	面粉（吨）		25000.00		

续表

账户名称		借方金额		贷方金额	
总账	明细账	总账	明细账	总账	明细账
原材料	奶油（吨）		16000.00		
库存商品		33000.00			
库存商品	夹心饼干（吨）		18000.00		
库存商品	曲奇饼干（吨）		15000.00		
固定资产		2305660.00			
累计折旧				585000.00	
短期借款				80000.00	
应付账款				68000.00	
应付账款	正大工厂				22000.00
应付账款	新华材料厂				46000.00
实收资本				1214325.00	
资本公积				406200.00	
盈余公积				121780.00	
盈余公积	法定盈余公积				121780.00
利润分配				40483.00	
本年利润				225072.00	
合计		2740860.00		2740860.00	

（三）清泉食品加工有限责任公司 2020 年 1 月发生的经济业务汇总

科目汇总表

2020 年 1 月 1 日至 2020 年 1 月 31 日　　　　　　　　　　　单位：元

会计科目	本期发生额合计	
	借方金额合计	贷方金额合计
银行存款	220000.00	180016.00
库存现金	3000.00	3800.00
应收账款	180000.00	150000.00
其他应收款	6000.00	3500.00
原材料	110636.00	67900.00
库存商品	127700.00	106000.00
累计折旧		35004.00
税金及附加	2365.50	2365.50
应付职工薪酬	60000.00	60000.00
应交税费	17145.50	43165.50
主营业务收入	220000.00	220000.00
制造费用	33900.00	33900.00
生产成本	117700.00	117700.00
管理费用	38324.00	38324.00
销售费用	10580.00	10580.00
主营业务成本	96000.00	96000.00
本年利润	144904.00	220000.00
合计	1388255.00	1388255.00

参 考 文 献

[1] 赵建群，张岐. 商品流通企业会计实训[M]. 北京：电子工业出版社，2016.
[2] 湖南省会计从业资格考试学习丛书编委会. 会计基础[M]. 北京：中国人民大学出版社，2016.
[3] 孙振丹. 会计分岗实训[M]. 北京：中国财政经济出版社，2006.
[4] 刘洪宇，王庆国，张流柱，佘浩. 会计[M]. 长沙：湖南大学出版社，2013.

反侵权盗版声明

电子工业出版社依法对本作品享有专有出版权。任何未经权利人书面许可，复制、销售或通过信息网络传播本作品的行为；歪曲、篡改、剽窃本作品的行为，均违反《中华人民共和国著作权法》，其行为人应承担相应的民事责任和行政责任，构成犯罪的，将被依法追究刑事责任。

为了维护市场秩序，保护权利人的合法权益，我社将依法查处和打击侵权盗版的单位和个人。欢迎社会各界人士积极举报侵权盗版行为，本社将奖励举报有功人员，并保证举报人的信息不被泄露。

举报电话：（010）88254396；（010）88258888

传　　真：（010）88254397

E-mail： dbqq@phei.com.cn

通信地址：北京市万寿路173信箱
　　　　　电子工业出版社总编办公室

邮　　编：100036